生涯発達と
あそび

上田礼子

三輪書店

序文

　わが国は少子高齢社会を迎えて、"子どもをすこやかに育てる"、"長寿を健康に生きる"などの標語が話題になっている。世界の中でも長寿を誇れる国になったが、しかし、他の長寿国に比べて短い期間に今日の状態に到達したことによって、子育て期を過ぎた大人時代をいかに豊かに生きて天寿を全うするかという、成人期・高齢期の発達とそれを支える社会的仕組みについては十分に考えられてきていない。

　本書では第1章に「生涯発達と生活様式」を取り上げた。そして、①人間の成長と発達とは同じではないこと、②成長は量的変化であり、身長の長さ（cm）や体重の重さ（kg）のように単一尺度で取り扱えるが、発達は質的変化であって単一尺度では取り扱えないこと、③人間の発達は子ども時代から青年期を経て成長が止まっても、成人期・高齢期に質的変化を続けること、④したがって、人間の質的変化を誰にでもわかるように実証する新しい発達理論が必要であったこと、⑤さらに、新たな発達の見方によって明らかになってきた成人期・高齢期の発達課題などについて述べた。すなわち、欧米の長寿国では「人間が生涯にわたって質的に変化する」ことを実証的に研究し、時代と地域を越えて共通する生涯人間発達の概念を新しい学問領域として開発してきており、またそれを理論の発展で裏づけている。

　このような中で、特に注目されているもののひとつが「あそび」の重要さである。「あそび」は人間の子ども時代ばかりでなく、生涯をとおして成人期・高齢期でも重要な意味を持ち、これは時代、地域、国を越えて共通するものである。興味深いことに、比較行動学的研究によれば、サルなど霊長類のコドモ時代はオトナになるためにあそびが重要なことも知られており、人間も例外ではなく、人間では更にそれが生涯にわたって続くといえよう。筆者はこれに関して、小児、青年、成人、高齢の方々を対象に実証的研究を多数行ってきたが、第2章にはそれらの調査を基に生涯発達におけるあそびの意義について述べた。

　現代社会は、能率、効率が優先され、また、大人社会ではあそびよりも仕事に価値が置かれている。しかし、本書を読まれ、人間の生涯発達の視点から新しい発達の見方とあそびの意義を再発見していただければ幸いである。

2007年2月吉日

上田礼子

CONTENTS

第1章　生涯発達と生活様式

- 成長と発達 ………………………………………………………………………… 3
- 発達観の歴史的変遷 ……………………………………………………………… 3
- 発達と生活様式 …………………………………………………………………… 8
  - 1．乳幼児期における発達と生活様式の関係 ………………………………… 8
  - 2．学童期における発達と生活様式の関係 …………………………………… 9
- 成人期における発達 ……………………………………………………………… 12
  - 1．成人期の知的機能の発達 …………………………………………………… 12
  - 2．成人期の情緒社会面の発達 ………………………………………………… 14
  - 3．成人期の健康と自己概念 …………………………………………………… 16
- まとめ ……………………………………………………………………………… 17

第2章　生涯発達と遊び

- 1　人間にとっての遊び …………………………………………………………… 21
  - 子どもの遊びとは ……………………………………………………………… 21
    - 1．事例の紹介 ………………………………………………………………… 21
    - 2．子どもの遊びの機能 ……………………………………………………… 22
  - 人間に特有の"ごっこ遊び" ………………………………………………… 23
    - 1．精神発達との関連：同化 ………………………………………………… 24
    - 2．都市化との関連：同化とカタルシス …………………………………… 25
  - 子どもの遊びを促す条件 ……………………………………………………… 27
    - 1．遊戯空間 …………………………………………………………………… 27
    - 2．遊戯時間 …………………………………………………………………… 28
    - 3．遊戯用具 …………………………………………………………………… 28
    - 4．遊戯のための雰囲気 ……………………………………………………… 29
  - 子どもの遊びにおける大人の役割 …………………………………………… 29
  - おわりに ………………………………………………………………………… 29
- 2　入院児と遊び …………………………………………………………………… 31
  - 子どもと入院 …………………………………………………………………… 31
    - 1．「入院」に対する理解と反応 …………………………………………… 31
    - 2．「入院」に関する語句の理解 …………………………………………… 32
  - 入院時の遊びの意義 …………………………………………………………… 35
    - 1．遊戯用具の役割 …………………………………………………………… 35
    - 2．遊びを介した他の子どもや大人とのコミュニケーション …………… 35
  - 遊びと医療・保健活動における大人の役割 ………………………………… 36

3　海外における遊び研究の動向 …………………………………38
　　　IPA の歴史と活動 …………………………………………………38
　　　オーストラリアにおける生活空間と遊び ………………………38
　　　各国の遊びに関する研究 …………………………………………40

第3章　「あそび」「たのしみ」の概念

　対象と方法 ………………………………………………………………45
　結果と考察 ………………………………………………………………45
　　1．対象者の社会的背景について ………………………………45
　　2．「あそび」，「たのしみ」について …………………………46
　　　1）世代差 ……………………………………………………47
　　　2）性別 ………………………………………………………48
　　　3）文化的差異 ………………………………………………48
　まとめ ……………………………………………………………………49

装丁　臼井デザイン事務所

第1章

生涯発達と生活様式

成長と発達

　成長と発達は同じでしょうか。一般には両者をあまり区別なく使用しているようであるが，両者はまったく同じではない。成長は量的変化を取り扱い，体重の重さ何 kg，身長の長さ何 cm のように単一の尺度で測定できるが，一方，発達は質的変化であり，単一の尺度では取り扱うことができない。

　その例として early infantile autism（早期幼児自閉症）が挙げられる。1943 年，Kanner L は early infantile autism の 11 事例を報告した。これらの事例には，相互交流のある対人関係の障害，コミュニケーション，言語および社会的発達障害を特徴とする小児期の重症感情障害があり，Kanner syndrome と称されていた。知的障害児と違って，原因はその当時親の病的性格に対する心因反応とされていた。

　1950 年代後半の日本では，このような事例がわが国にも存在するのか否かも含めて，小児科や新しい専門領域としての児童精神医学関係者などの間で early infantile autism への関心が高まっていた。筆者は卒業後に病院の「子ども外来」に参加していたが，行動観察による鑑別診断は難しく，1959〜1961 年の米国留学中に遊戯面接法を学び，この方法によって自閉症児，知的障害児，健常児との比較研究を行った。

　帰国後には同じ遊戯面接法によって日本と米国の 2〜6 歳までの幼児を対象として比較し，また，年齢の変化によるこれら幼児の遊戯行動の発達的変化を観察し学位論文とした。図 1-1 は遊戯面接法に使用した家族人形と動物などの遊戯用具であり，被検児はこれらを用いて自由に遊ぶことができる。

　これらの行動観察の結果明らかになったことは，年齢が同じ場合に，①疾病の有無にかかわりなく身長・体重など成長（量）に大差はないこと，しかし，②日米ともに遊戯行動の発達，すなわち質に関して，自閉症児，知的障害児，健常児の 3 群の間に著しい差があること，③日本と米国の健常児の遊戯行動の発達にはそれぞれの国の生活様式の違いが反映されていることなどであり，1962 年に児童精神医学と近接領域学会誌に報告した。そして，自閉症児のように既存の発達検査の適用不可能な児（者）を対象とした測定尺度開発の必要性を痛感した。同時に，日本と米国など環境の異なるところに住む子どもの遊戯行動には，生物学的疾病による類似性とともに日常の生活様式の違いによる差のあることを観察した。

　このように，成長にあまり差がなくとも人間の発達には大きな差がありうるのである。

発達観の歴史的変遷

　「子どもは大人の縮図ではない」として，子どもを対象とした発達研究が本格的に開始されたが，発達の見方の変遷を歴史的に概観すると，中産階級の子どもを対象とした実験室での行動観察から field study へと推移してきているといえよう。

　図 1-2 は Gesell A が大がかりな観察室で子どもの発達診断を実施している様子を示している。20 世紀初頭には，検査者が一定の検査用具を用いながら指示を与え，そ

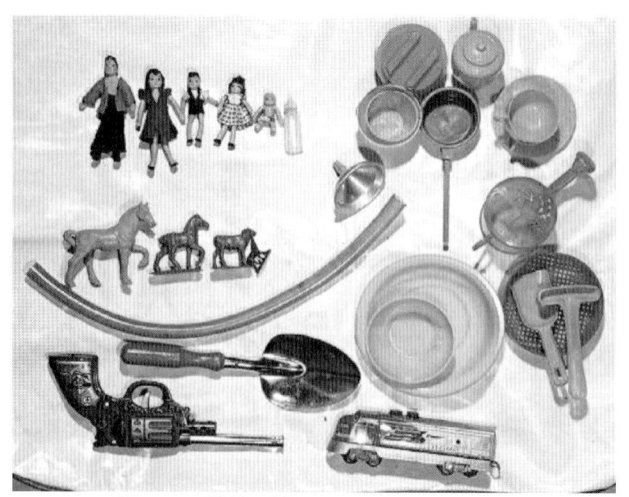

図 1-1 遊戯面接用具（上田撮影，1961）

図 1-2 Gesell の観察室の風景

れに従う被検児の行動を観察し，暦年齢を基準として行動を評価する方法，技法が考案された。検査の種類として，精神年齢の概念を提唱した Binet A による Binet 流の系統に属する知能検査や発達診断の概念に基づく Gesell 流の系統に属する発達検査などがある。いずれも暦年齢を基準として評価し，精神年齢，発達年齢あるいは知能指数，発達指数として発達の程度，様相を表現している。

20 世紀中ごろになると，発達のメカニズムとその要因の解明が求められるようになった（**表** 1-1）。有名な精神分析学者 Erikson E は，人間の情緒・社会的成熟に注目して人間が乳幼児から死に至るまで生涯にわたって発達する可能性があるとする人生周期説（life-cycle theory）を，1950 年の著書『Childhood and Society』に記述している。

図 1-3 に示すように，Erikson は人間の生涯には発達段階として，乳児期，幼児前期，幼児後期，学童期，青年期，成人初期，成人期，老年期の 8 つの時期にそれぞれ特有

表 1-1 発達観の歴史的変遷

20世紀初期	Binet A	知能検査
	Gesell A	発達検査，発達診断
20世紀中期	Erikson E	情緒・社会的成熟＝人生周期説
	Piaget J	知的構造＝認知発達理論
20世紀中～後期	Lorentz K	比較行動学＝インプリンティング
	Harlow H	アカゲザルの母子関係 —"母性愛"への疑問と親愛的接触
	Bowlby J	愛着理論
20世紀後期	Baltes PB	生涯発達と行動
	Horn JL & Donaldson G	流動性知能と結晶性知能
	Thomas A & Chess S	気質の縦断的研究
	Bronfenbrenner U	発達生態学的理論
	Super CM & Harkness S	発達的ニッチ
	Werner E	リスク児の resiliency（強靱性）
21世紀	?	

段階	1	2	3	4	5	6	7	8
Old Age								Integrity vs. Despair WISDOM
Adulthood							Generativity vs. Stagnation CARE	
Young Adulthood						Intimacy vs. Isolation LOVE		
Adolescence					Identity vs. Confusion FIDELITY			
School Age				Industry vs. Inferiority COMPETENCE				
Play Age			Initiative vs. Guilt PURPOSE					
Early Childhood		Autonomy vs. Shame Doubt WILL						
Infancy	Basic Trust vs. Basic Mistrust HOPE							

図 1-3 Erikson の人生周期説

の発達課題があり，それらの課題の達成によって次の段階へと質的に変化していく発達段階説を提唱した。一方，生物学者であった Piaget J は生物の外界への適応や同化の概念から知的発達を構造的にとらえる認知発達理論を構築した。いずれの理論も，発達には順序性があること，質的変化による発達段階があるということに共通性がある。

20世紀中ごろから後期には，ノーベル賞を受賞した Lorentz K のインプリンティングの概念，神話的母性愛への疑問から出発した Harlow H によるアカゲザルの親子の絆の親愛的接触行動の研究（図1-4）など比較行動学，あるいは精神分析学者であり，

図 1-4 Harlow のアカゲザルによる母子関係の実験

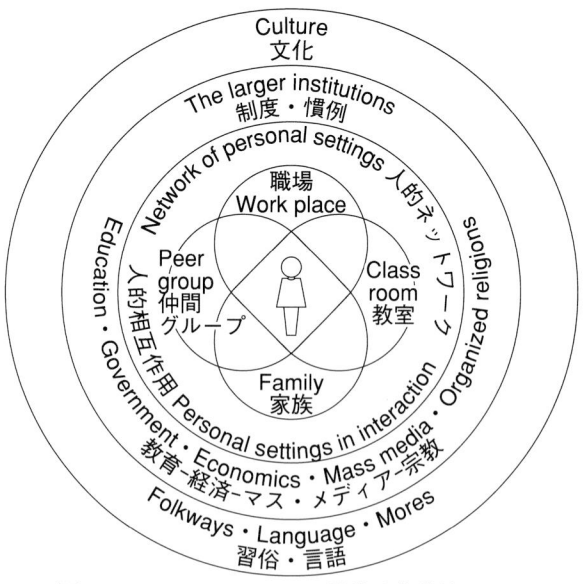

図 1-5 Bronfenbrenner の発達生態学的モデル
(Egan ら,1979)

かつ行動科学者としての Bowlby J による愛着理論などの台頭がある。例えば，動物の母子関係や親子関係の形成に重要な役割を果たす核印づけの概念は，それまでの乳幼児期体験重視の Freud S 流の受動的発達観から能動的なものへと転換を促した。

さらに著しい変化は，1970〜1980 年代から寿命の延長に伴う人間の成人期発達への社会的関心の増大，field study を重視した長期縦断実証的研究の成果の出現，報告である。1978 年には Baltes PB らによる一連の『生涯発達と行動』の出版物が刊行され，また，Horn JL らは 1980 年に人間の知能に流動性知能と結晶性知能の 2 種類があり，結晶性知能が成人期にも継続して発達することを指摘した。

1979 年に Bronfenbrenner U は発達における個体と環境との相互作用を重視した

Model of Interrelations between Risk, Stress, Sources of Support and Coping

(＋)Major Risk Factors(at birth)(－)
・Chronic poverty
・Mother with little education
↓
(＋)VULNERABILITY

(＋)Major Sources of Stress(－) ←→ Within the Child ←→ (＋)Major Sources of Support(－)
in Childhood and Adolescence　　　　　　　　　　　　　Protective factors within the caregiving environment

・Chronic family discord	・Birthorder	・Parental age
・Parental illness	・Few childhood illness	・Close friends
・Permanent father absence	・Good-natured; affectionate disposition	・Access to special services (health, education, social services)
・Change of residence	・Positive social orientation	・Others
・Divorce of parents	・Ability to focus attention and control impulses	
・Foster home placement	・Positive self-concept	
・Others	・Expressed desire to improve self	
	・Others	

↓

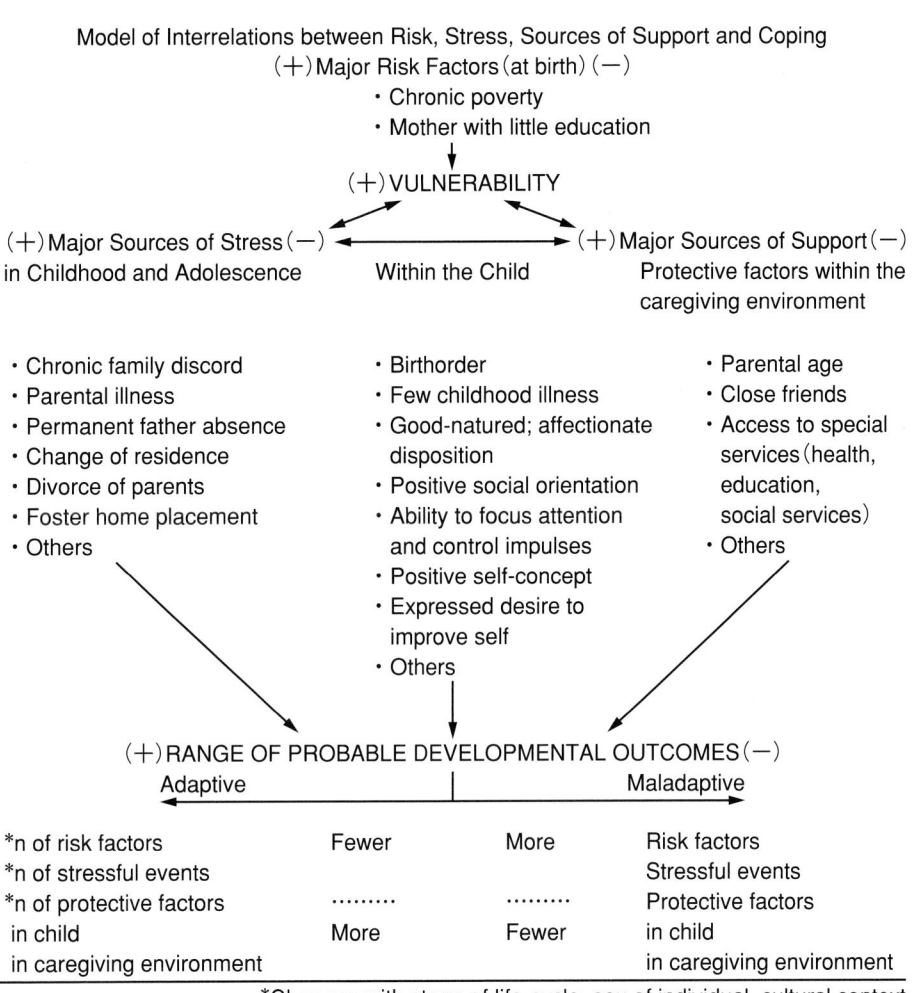

(＋)RANGE OF PROBABLE DEVELOPMENTAL OUTCOMES(－)

Adaptive　｜　Maladaptive

*n of risk factors	Fewer	More	Risk factors
*n of stressful events			Stressful events
*n of protective factors	………	………	Protective factors
in child	More	Fewer	in child
in caregiving environment			in caregiving environment

*Changes with stage of life-cycle, sex of individual, cultural context

図 1-6　Werner らによるカワイ島の長期縦断的研究結果
(第3回発達リスク児早期発見国際会議, Wyoming, USA, 1980)

包括的枠組みを示し，発達生態学的モデルなど斬新なとらえ方を提示している（図1-5）。すなわち，子どもの身近な環境としての，家庭，幼稚園，保育園などのミクロシステム，それらの外側にある地域社会などのメゾシステム，それらに影響を与えたり，与えられたりするマスコミなどのエクソシステム，さらにこれらを規制する国家の法律，制度などのマクロシステムの存在，これらの環境全体がシステムとして個体と相互作用しながら発達するとしている。

さらに，fieldにおける長期縦断的研究の実証的成果として強調しなければならないのはWerner EやGarmezy Nによるリスク児・者に関する強靱性（resiliency）の存在の指摘である。Werner らはハワイ州カワイ島において母親の妊娠中から30年以上の長期縦断的研究に従事し，生物学的因子を含めてリスクがあっても，個人のリスク因子と環境にある人的・物的資源を含めた保護的・支援的因子とのバランスこそが発達上のかぎであること，そして，たとえ10歳代でハイリスク児であった場合でも，20歳代から30歳代前半で回復可能であることを報告している（図1-6）。筆者は米国のワ

イオミング州で開催された第3回発達リスク児早期発見国際会議で"community intervention"という言葉をWernerから初めて聞き，日本語の適切な訳がわからなかったので生き字引として尊敬していた恩師故福田邦三先生にお尋ねしたところ，「地域支援」がよいのではないかと教えていただいた。

発達と生活様式

1．乳幼児期における発達と生活様式の関係

1970年代当時，筆者は東京大学の医学部保健学科母子保健学に所属しており，1972年から日本の3地域に住む乳幼児，すなわち東京都1,171名，沖縄県775名，岩手県564名，合計2,510名とそれらの養育者を対象とした長期縦断的研究を開始し，主として発達と生活様式との関係を中心に調査を続けて，今日に至っている。種々の成果の中から，以下の3つについて述べる。

1つは，発達評価に関して米国デンバー市で人種として白人（アングロサクソン系，スペイン系）と黒人の0〜6歳までの乳幼児（男女）1,036名を対象として標準化された発達スクリーニング検査は，大勢の子どもたちの中から短時間でリスク児を見つける方法として有効であるが，翻訳しただけでそのまま使用すると妥当性が低い，つまり，健常児をリスク児と評価する偽陽性の出現率が高いことに気づいた。このことは健診する側にとってはむだな仕事をすることになり，一方，受診する親・養育者には不必要な不安，心配を引き起こすことでもある。

2つ目は，日本国内においても気候や都市化の程度の違いによって地域差のある発達項目があることがわかった。

3つ目として，地域差のある発達項目には養育習慣が関与しているようである。

これらの結果は東京都で標準化した検査結果をデンバー市のものと比較し，さらに，これが日本各地で日本版として広く活用できるか否かを検討して得られた結論である（表1-2）。

図1-7は0〜6歳までに104の発達項目を東京都とデンバー市で比較したところ，両群は発達の90%通過率の値でまったく同じではないことを示している。

図1-8は日本の3つの地域で寒いところと暖かいところと比較すると気候により有意差のみられた粗大運動である。一方，図1-9は都市化の程度によって通過率に違いがあった言語領域の項目を示している。3地域の比較の結果，発達状態では乳児期の運動領域と幼児期の言語領域に差が認められた。暖かな地域で運動発達がより早く，一方，より都会化された地域では言語発達がより早く，有意であった。非常に興味深いことに，これらの結果は1978年に筆者が東京都とデンバー市の乳幼児の発達状態を比較した結果と類似していた。つまり，このことは乳児期の運動発達と幼児期の言語発達の様相には年月齢と生活様式が関連することを示唆している。そして，従来"黒人は運動発達が早い"と一般的に言われてきたような人種による発達の遅速ではなく，環境による生活様式の違いに注目したことに独自性があったので，1977年ニューメキシコ州サンタフェ市で開催された第2回発達リスク児早期発見国際学会において発表した。

表 1-2　日本版デンバー式発達スクリーニング検査の標準化（上田礼子：日本版デンバー式発達スクリーニング検査—JDDST と JPDQ．医歯薬出版，1980）

	DDST	JDDST JDDST-R
〔発行年〕	1967	1980 1983, 1998
〔場　所〕	米国	日本
〔対象児〕 　年月齢	2週〜6歳4カ月 (25グループ)	16日〜6歳4カ月 (25グループ)
人数・性別 　居住地域	1,036人（男543，女493） デンバー市	2,510人（男1,262，女1,248） 東京都　1,171（男588，女583） 沖縄県　　775（男398，女377） 岩手県　　564（男276，女288）
〔属性〕	父親の職業・人種に注目	父親の職業　　⎫ 父母の学歴　　⎬ に注目 乳児死亡率　　⎭
	国勢調査資料と対象人口との間に偏りなし	国勢調査資料と対象人口との間に偏りなし
〔項目数〕	105	104
〔信頼と妥当性〕	信頼性・妥当性を検討	信頼性・妥当性を検討 補正版作成により全国的に使用可能

2．学童期における発達と生活様式の関係

学童期における行動上の問題は"いじめ"などわが国で今日大きな社会的問題にもなっているが，筆者らは横断的調査と同時に乳幼児期との関係という縦断的視点からも学童の微症状・問題行動を検討した。結果の一部を**表 1-3**に示している。調査対象地域は，東京都，沖縄県，岩手県の3地域で，母親の記入による微症状・問題行動の頻度を地域別に検討した。そもそも微症状・問題行動の種類や頻度は個体の内的条件や年月齢および評価者によって異なることがあるが，本調査では居住環境，生活様式が違うことによる様相を実証的に把握することを目的に調査している。調査方法をより詳細に述べると，小学生合計1,246名（東京群368名，沖縄群461名，岩手群417名）を対象とし，全体の調査方法は第一次スクリーニングとして両親と被検児への質問紙法，第二次スクリーニングとして観察・面接法および教師から学校生活での被検児に関する情報を得て，相談・支援に応じる方法をとった。**表 1-3**は母親からの回答のみを分析したものである。

身体面では全体として頻度の高い項目は，第1位"小食"（18.1％），第2位"偏食"（14.8％），第3位"食べすぎ"（8.3％）などで，いずれも食事に関するものである。小食には有意差があり沖縄群が多く，次いで東京群，岩手群の順であった。沖縄群の母親は子どもの小食を問題と感じている者が多いということであろうか。一方，行動面では全体として頻度の高い項目は，第1位"気が散りやすい"（19.5％），第2位"初対面でうまく話せない"（17.6％），第3位"爪かみ"（11.6％）などであり，地域差は"不器用"，"初対面でうまく話せない"，"発音不明瞭"，"どもり"などにみられた。興味深いのは"不器用"の項目で東京群は他の2地域に比べて頻度が高く，一方，"初対面でうまく話せない"の項目などは他の2地域が東京群に比べて頻度が高かったこと

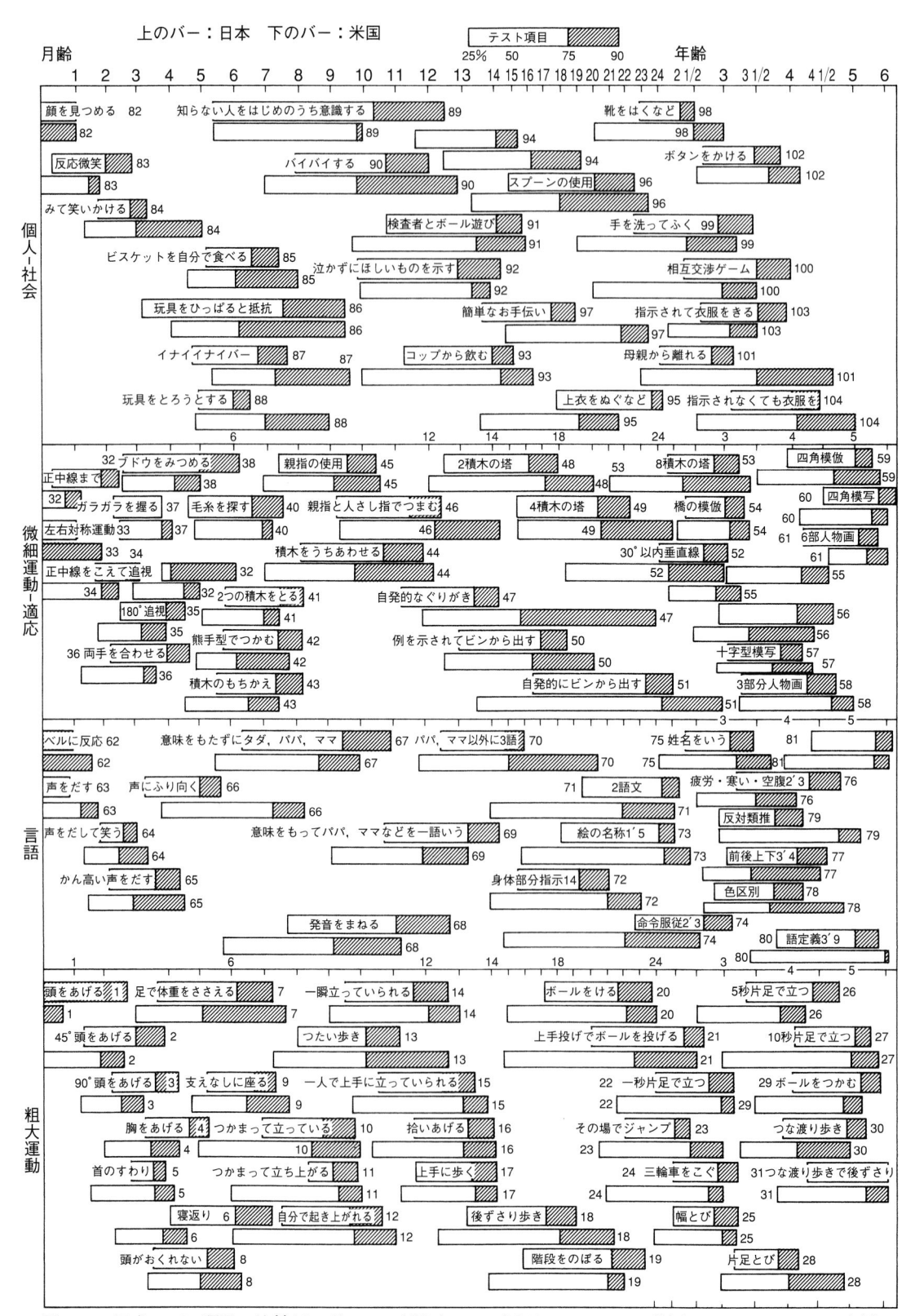

図 1-7 日米の104項目の比較（上田礼子：日本版デンバー式発達スクリーニング検査—JDDST と JPDQ. 医歯薬出版，1980）

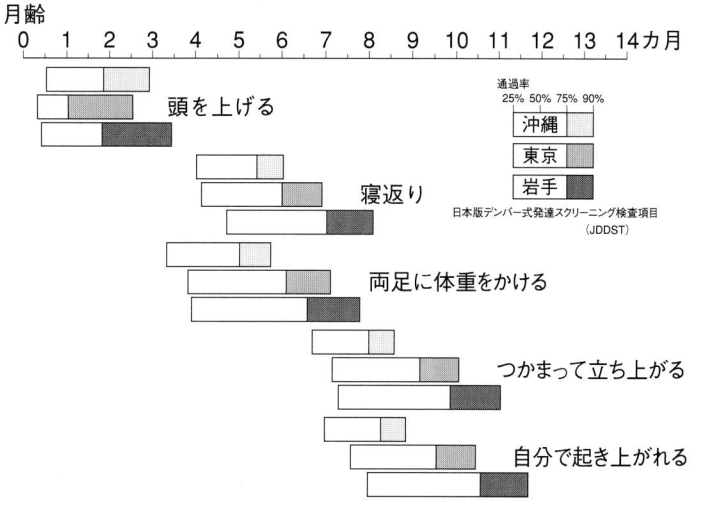

図 1-8 気候による地域差を示した粗大運動（上田礼子：日本版デンバー式発達スクリーニング検査―JDDST と JPDQ. 医歯薬出版, 1980）

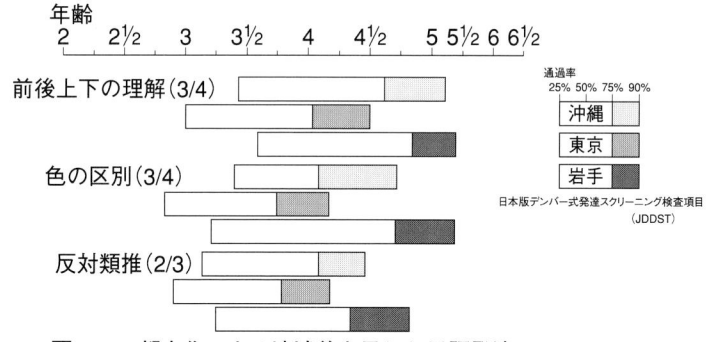

図 1-9 都市化による地域差を示した言語発達（上田礼子：日本版デンバー式発達スクリーニング検査―JDDST と JPDQ. 医歯薬出版, 1980）

である。対人関係面での特徴が表れているように思われる。

これらの微症状・問題行動を操作的に個人ごとに得点化し個人得点を算出して3地域を比較した結果には地域差を認めなかった。全体として数量化1類による解析を行った結果，個人得点に関与する7変数が得られ，重相関係数は0.52であった。学童の微症状・問題行動には地域にかかわりなく，祖父母，兄弟，親子などの家庭の人間関係の善し悪しならびに，学校の成績，友人関係，学校生活の楽しさの程度など，学校のあり方が関与しているという知見であった。

これらの結果から，①発達過程にある子どもには，大人の目からみると大なり小なり問題行動ともみえる微症状・問題行動があること，したがって，②予防的見地からのリスク児早期把握と支援のためには特定の時期の状態，すなわち stage-state の考え方に基づいて定期的に教師あるいは親による自発的評価によって，子どものサインをチェックしてみること，③質問紙法はその限界をわきまえて使用することにより第一次スクリーニングとして有効に活用できることが示唆された。つまり，学童の微症

表 1-3 微症状・問題行動の3地域（東京，沖縄，岩手）における比較（上田礼子：微症状・問題行動への発達生態学的アプローチ．学校保健研究，1991）

項　目	東京群% (n=368)	沖縄群% (n=461)	岩手群% (n=417)	全体%
身体面				
頭痛・腹痛	5.7	8.8	6.0	6.8
吐きやすい	1.2	2.3	2.4	2.0
食べすぎ	6.5	10.6	7.9	8.3
小食*	18.7	21.7	14.0	18.1
偏食	14.9	17.8	11.8	14.8
疲れやすい	6.5	5.5	5.0	5.7
夜尿	6.2	5.5	4.7	5.5
その他の身体的問題	4.0	4.2	2.6	3.6
行動面				
不器用*	14.9	9.1	9.3	11.1
気が散りやすい	18.3	19.2	20.9	19.5
注意力が乏しい	11.5	13.7	14.1	13.1
初対面でうまく話せない***	11.3	23.1	18.3	17.6
異性に異常な関心	1.3	2.4	1.8	1.8
いじめる	2.1	1.9	0.5	1.5
いじめられる	2.9	3.5	3.0	3.1
学校へ行くのをいやがる	0.2	1.2	0.8	0.7
ひとりぼっち	2.0	2.0	1.8	1.9
物をこわす	2.4	3.1	2.3	2.6
うそをつく	3.2	3.5	3.2	3.3
チック	0.8	0.7	0.3	0.6
鼻ほじり	6.2	7.2	7.4	6.9
爪かみ	13.2	10.4	11.3	11.6
発音不明瞭*	4.2	2.3	1.1	2.5
どもり**	0.5	2.5	0.5	1.2

$*p<0.05$　$**p<0.01$　$***p<0.001$

状を含む行動は，家庭と学校との両システムに機能する生活体としての子どもの適応行動として理解されるので，目的によっては親と教師の双方からの協力を得ることによって，子どものリスクサインを早期に把握し，適切な支援活動に結びつけることができるであろう。

成人期における発達

　歴史的にみると，人間の寿命の延長に伴って人生各期の新しい名称が生じている。寿命が30歳代の中世には幼い子ども期と成人期が区別されているにすぎなかったが，1900年代に寿命が50歳に延長すると，子ども時代は乳幼児期と児童期に区分され，さらに寿命が72歳に延長されると，新たに青年期が加わり，その後は大人時代の再区分として，成人後期，成人中期，成人前期などの名称が生まれるようになった（表1-4）。

1．成人期の知的機能の発達

　図1-10は成人期以後の知的面の発達は必ずしも下降しないとするHornらによる

表 1-4 寿命の延長と人生各期の名称
(Stevenson, 1977；上田, 2006 追加作成)

時代	平均寿命	65歳以上の者の割合	名称
青銅器	18歳	不明	乳幼児期, 成人期
古代ギリシャ	20歳	不明	乳幼児期, 成人期
中世	31歳	不明	乳幼児期, 成人期
1600〜1800年	37歳	1〜2%	乳幼児期, 児童期, 成人期
1900年代	50歳	1850年, 2.5% 1900年, 4.1%	乳幼児期, 児童期, 成人期
1930年代			青年期
1940年代			成人後期
1950年代			成人中期
1960年代			成人前期
1975(昭和50)年	72歳 男70歳(日本71.73) 女74歳(日本76.89)	10%	
1980年代			熟年期
1985(昭和60)年	男 74.78 女 80.48	男 16.8% 女 21.2%	
1990年代			高齢期
1995(平成7)年	男 76.8 女 82.85	男 18.0% 女 23.2%	
2000年代			超高齢期
2005(平成17)年	男 78.53 女 85.49	男 19.7% 女 25.2%	

資料：厚生統計要覧「日本人の平均余命平成17年簡易生命表」平成18年7月

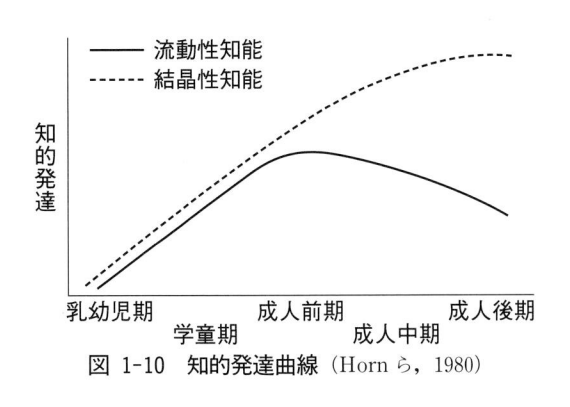

図 1-10 知的発達曲線 (Horn ら, 1980)

結晶性知能の生涯にわたる変化を示している。図1-11に示される結晶性知能の中には，言語の理解，一般的情報，経験的評価，言語的連想，計算機能などが含まれており，70歳ころまで上昇傾向にあるといえる。一方，成人前期をピークとして徐々に下降する流動性知能の中には，WISC IQ，知覚的スピード，単語の類推などがある。

図1-12は年齢による知的機能の変化を横断的方法によって調べるのか縦断的方法をとるのかによって結果に違いがあることを示している，興味深い資料である。すなわち，同じWAISの知能検査法で測定しても横断的方法によれば知的機能は30歳代から下降するが，縦断的方法にはそれが当てはまらない。また，違う種類の知能検査

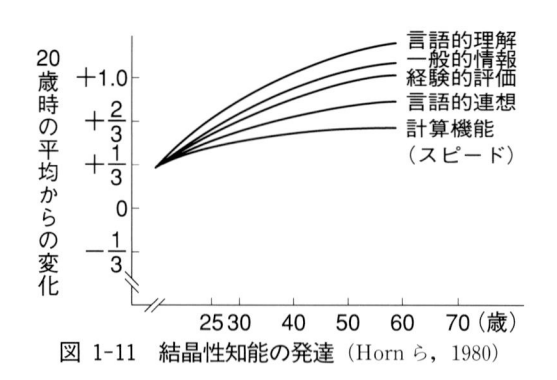

図 1-11 結晶性知能の発達（Horn ら，1980）

図 1-12 年齢による知的機能の変化
（Kimmel, 1980）

(Stanford-Binet 検査) でも上昇傾向を示している。

2．成人期の情緒社会面の発達

　成人期における情緒社会面の生涯にわたる発達は，人生各期における発達課題の達成あるいは人生の中で逢遇するライフイベントにおける心理・社会的危機の克服によって新たな対処方略をあみだし，行動することで，機能的に変化し質的に向上することが知られている(図1-13)。青年期以後の発達に関してこれまで筆者らの縦断的研究の対象となった子どもとその親（この親たちは現在成人中期に達している）などを対象に，大人時代の発達課題を中心に質的変化とそれに関連する変数を検討してきた。評価指標は情緒社会面の質的変化である。青年期の ego identity（自我同一性）獲得後の成人期の発達課題は何であろうか。

　Erikson によれば世代性 (sense of generativity) であり，一般的に個人が家族の一員(男女，夫妻，親と子など)，同時に社会の一員として(仕事や余暇活動，レクリエーションなど)のバランスを維持しながら自らのライフスタイルを形成し維持することである。

　Rodeheaver D と Datan N を引用すると，中年期は一般的に3世代の真ん中にあ

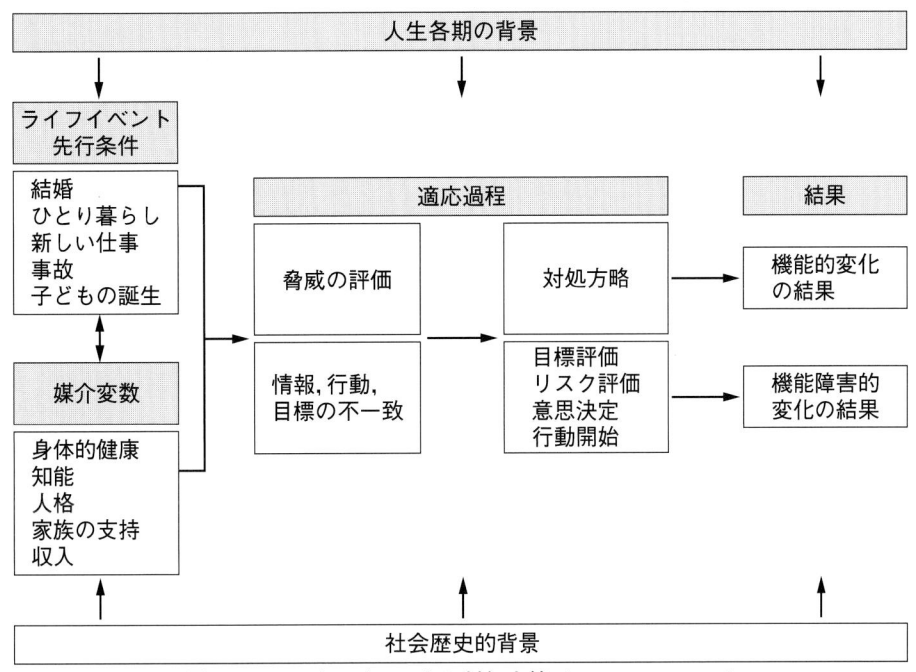

```
                    人生各期の背景
┌─────────────┐  ┌─────────────┐  ┌─────────────┐
│ライフイベント │  │  適応過程    │  │   結果       │
│  先行条件    │  │              │  │              │
├─────────────┤  │ ┌─────┐┌────┐│  │┌──────────┐ │
│ 結婚        │→│ │脅威の││対処││→ ││機能的変化 │ │
│ ひとり暮らし │  │ │評価 ││方略││  ││の結果    │ │
│ 新しい仕事  │  │ └─────┘└────┘│  │└──────────┘ │
│ 事故        │  │ ┌─────┐┌────┐│  │┌──────────┐ │
│ 子どもの誕生 │  │ │情報,行││目標評価││ ││機能障害的 │ │
├─────────────┤  │ │動,目標││リスク評価││→││変化の結果 │ │
│  媒介変数   │  │ │の不一致││意思決定││ │└──────────┘ │
├─────────────┤  │ └─────┘│行動開始││  │             │
│ 身体的健康  │  │         └────┘│  │             │
│ 知能        │  └─────────────┘  │             │
│ 人格        │                                  │
│ 家族の支持  │                                  │
│ 収入        │                                  │
└─────────────┘                                  │
                    社会歴史的背景
```

図 1-13　ライフイベントと対処方策（Hultsch ら, 1979）

り,成人期を迎えた子どもの親であることが多く,同時に自分自身の親の子どもであることが多いこと,そして,生涯発達の視点からみれば,この時期の発達課題は個人的自己をコントロールすることであり,これには他の2つの世代の発達と自分の個人的発達を調整し合っていく必要があると述べている。また,Antonucci T と Akiyama H は中年期が個人的目標や達成を再検討する時期であり,それらの目標や達成は重要他者としての子どもへの期待と関係して見直される時期でもあるとして,親による子育て評価（The Appraisal of Child Rearing；ACR）の概念を提唱している。

具体的な ACR の内容について触れると,過去,現在,未来の3次元につき,①子育てに関して自分の親（父親,母親）が見本となりましたか？　②お子さんはあなたの思いどおりに育ちましたか？　③自分が経験した子育ての中でお子さんに伝えたいことがありますか？　という3項目にそれぞれ"はい"か"いいえ"の回答を求め,"はい"に2点,"いいえ"に0点を与えて得点化する。

ここでは ACR と成人期に達した子どもおよび彼らの親の健康状態との関係の調査結果をみると以下のようであった。対象となった父親 121 名と母親 157 名それぞれのACR 現在の組み合わせから4群（A,B,C,D）を設定し親および子どもの健康状態との関係を比較すると,両親とも ACR 否定の D 群は肯定 A 群やその他の群に比べて父親・母親に健康でない者が多かった。また,子どもも健康でない者が他の群に比べて D 群に多かった。つまり,中年期の親は個人的目標やその達成を子育ても含めて総合的に再検討する時期にあるが,一方,成人初期の子どもがかかえる健康上の問題とも関係している。親の発達課題,子育て観をも視野に入れ,親子相互関係の視点からこの時期の親および子どもの健康を支援する必要性を示唆していると考えられる。

図 1-14 自己概念—成人期の変化

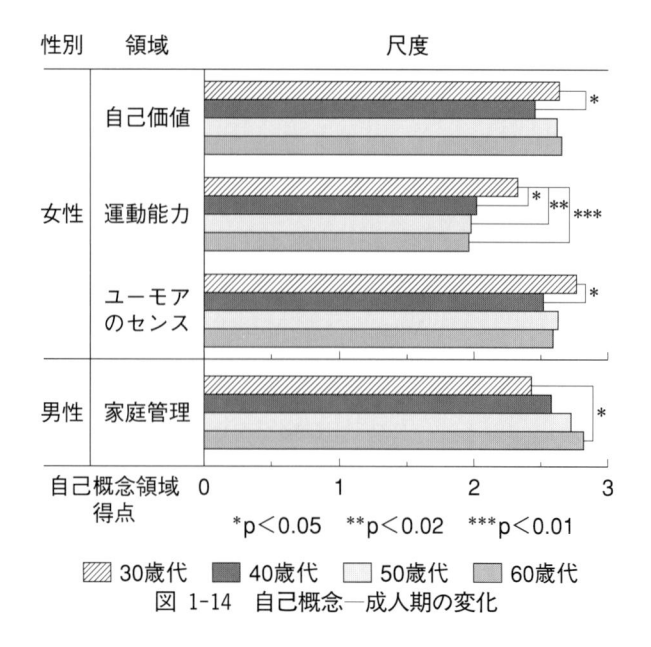

3．成人期の健康と自己概念

　自己概念とは自尊心と自己像を含み，自分自身に関する組織化され一貫性のある統合化された信念のパターンと定義されるが，これは従来青年期の主要なテーマとしてその確立に関心が向けられ，その後は変化しないという考え方が一般的であった。しかし，最近ではそのような考え方に疑問を持ち，生涯発達の視点から人生各期における自己概念の差異と類似性，特定の発達段階における自己概念の個人差を実証的に把握する試みがなされている。

　30〜60歳代の成人を対象として自己概念領域の変化を調査し，年代別，性別に比較した結果(図 1-14)，男性は家庭管理能力において年齢に伴って得点が上昇し，60歳代では30歳代に比較して有意に高かった。これは男性が成人後期に性別意識から解放される生活様式に移行するのであろうかとも考えられる。ここで用いた自己概念測定尺度は表 1-5 に示している。さらに高齢者を対象として老年期の健康状態と自己概念領域との関係を調べた結果においても健康良好群には特徴があったが，両者の因果関係については今後の検討を必要とする。

　最後に，同じ日本社会にあっても時代の違いによる生活様式の違いが乳幼児期の行動発達の遅速として観察されていることを加えておきたい(図 1-15)。Super CM らは発達的ニッチの3要素すなわち，物理・社会的状況，養育習慣，養育者の心理が，子どもの発達レベルと個人的特徴に調和し，適切に作用しながらマクロ環境の中で発達の文化的文脈を形成すると述べている。地域あるいは時代による生活様式の違いは，"種"としてきわめて適応力豊かな人間の発達の普遍性と多様性を形成しているといえそうである。

表 1-5 自己概念尺度（SJS-PSA；Domains of the Simplified Japanese Self-Perception Scale for Adults）
(Harter S, 1988；上田，1994)

1.	Self-Worth（S-W）	自己価値
2.	Sociability（S）	社会性
3.	Job Competence（JC）	仕事コンピテンシー
4.	Nurturance（N）	養育性
5.	Athletic Ability（AA）	運動能力
6.	Physical Appearance（PA）	容姿
7.	Adequacy as a Provider（AP）	適切な供給者
8.	Morality（M）	道徳性
9.	Household Management（HM）	家庭管理
10.	Intimate Relationship（IR）	親密な関係
11.	Relationship with Children（RC）	子との関係
12.	Intelligence（I）	知性
13.	Sense of Humor（H）	ユーモアのセンス

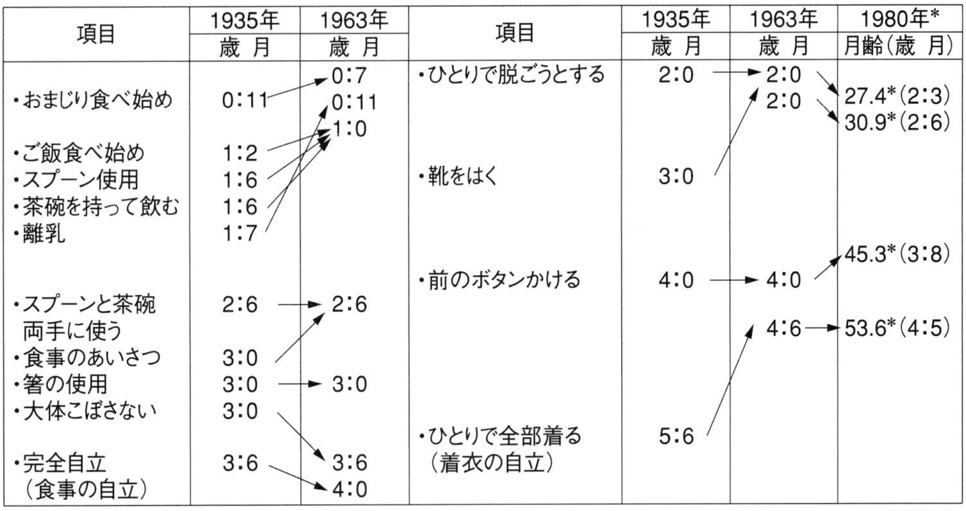

項目	1935年 歳 月	1963年 歳 月	項目	1935年 歳 月	1963年 歳 月	1980年* 月齢（歳 月）
・おまじり食べ始め	0:11	0:7 0:11 1:0	・ひとりで脱ごうとする	2:0	2:0 2:0	27.4*（2:3） 30.9*（2:6）
・ご飯食べ始め	1:2					
・スプーン使用	1:6		・靴をはく	3:0		
・茶碗を持って飲む	1:6					
・離乳	1:7					45.3*（3:8）
・スプーンと茶碗両手に使う	2:6	2:6	・前のボタンかける	4:0	4:0	
・食事のあいさつ	3:0				4:6	53.6*（4:5）
・箸の使用	3:0	3:0				
・大体こぼさない	3:0		・ひとりで全部着る（着衣の自立）	5:6		
・完全自立（食事の自立）	3:6	3:6 4:0				

＊＝90パーセンタイル

図 1-15 時代による発達的行動の変化 (高橋ら，1969；上田*，1980)

まとめ

　20世紀初めから主として白人中産階級の子どもを対象に科学として発展してきた人間発達へのアプローチは，1970年代から小児科学，発達心理学などの枠を超えた。そして，①疾病モデルに依拠せずに，個体と環境との相互作用による生涯発達へとパラダイムを変換したこと，②物理的環境，歴史，文化的背景，ソーシャルネットワークなど，より広い環境と個体の相互作用に視野を広げることによって人間発達のresiliencyの存在を認知したこと，③長寿国日本として健康の質の向上に向けた新たなアセスメント尺度の開発と評価による新たな発見と学術的・実践的貢献の可能性が

あることなどを，筆者自身の研究成果に基づいて述べた．文化的遺産も含めた健康への包括的アプローチに邁進する過程において，人間発達の力動性に関心を向け，この概念をこれからの研究，実践，教育に活用されることを期待している．

謝辞：ここに至るまでご指導をいただいた恩師故福田邦三先生をはじめ，多くの諸先輩，同輩の方々に感謝したい．

（出典：上田礼子：生涯発達と生活様式．第71回日本民族衛生学会総会会長講演，那覇市，2006年11月9日）

第2章

生涯発達と遊び

1 人間にとっての遊び

子どもの遊びとは

　子どもの遊びといえば大人はどのようなことを想像するであろうか。ある人はテレビゲームに夢中になる学童，他の人はおやつの時間も忘れてたわむれる幼児，別の人は遊ぶことを知らずにうろうろしたり，あるいは大人にまつわりつく子どもを思うかもしれない。核家族化の進行，子ども数の減少，人口移動の増加，大人の多忙など，急激な都市化の進行によって子どもの遊びの様相に変化をきたしていることが社会的にも話題になっている。

　ここではまず1989年7月に筆者が沖縄県先島諸島（離島）の乳幼児健診班の一員として発達相談を担当した際に訪れた来談者の中から，幼児の遊びに関する問題があった2事例を糸口として子どもの遊びの意義を考えてみたい。そして，遊びは自発的な活動であっても子どもの遊びがまさに大人の生活様式と密接に関係しており，大人の上手な雰囲気づくりと誘導が必要なことを述べよう。

1．事例の紹介

　事例A：3歳2カ月の女児，家族6人（構成：父親は42歳，大学卒で農協の経営するスーパーマーケットの店長，母親は36歳，美容学校卒で主婦，本児は4人兄弟の末子）

　相談時の主訴は"本児が網戸をなめる，サランラップを切るためについているアルミのギザギザ（歯の部分），あるいは歯ぶらしの毛先を指先でなでる"という特殊なくせがあることであった。

　このような特殊なくせがなぜ生じてきたのかにつき，子どもの生育歴を中心に現在の家庭における生活行動につき母親から聴取し，一方，子どもの発達状態を評価した。

　その結果，子どもには軽度の発達の遅れが認められた。母親はそれに気づかずに健常児と同じような期待をかけながら養育にあたっていること，また，"高価なおもちゃを買ってはいけない"という父親の方針に従って本児用の玩具をほとんど買って与えていないことの2点が明らかになった。本児はすでに小学校1年，3年，5年になっている兄や姉たちが使った古い積木をおもちゃとして持っているだけであった。つまり，本児は3歳になっても2歳程度の発達段階であったが，使い古した2〜3個の積木は本児の興味の対象とならず，もっぱら感覚・運動的刺激（触覚刺激）を求めて網戸やサランラップのアルミの歯が遊び用具となっていたようである。

　健診場面におけるA子はテニスのボールを1mほど離れた位置にいる筆者とやり

とりし，また，大きなボールを足でけったり，なげたりして体全体で行う運動遊びを楽しんだ。一方，母親はA子の遊ぶ様子を見ながら，決して"○万円もする高価なおもちゃでなくとも子どもが楽しめるおもちゃと遊び方がある"ことを知ったようであった。

子どもが正常な発達をしているなら，たとえおもちゃが乏しくとも家具や身の回りの品々を使用して活発な模索的遊びをしていたかもしれない時期である。しかし，発達の遅れのある子どもにとっては活動も限られており，自分の身体をおもちゃとして使用するような遊び（特殊なくせの発現）となっていたと推察される事例であった。

事例B：4歳7カ月の男児，家族4人（構成：父親は35歳，高校卒でNTT職員，母親は27歳，高校卒で主婦，本児は2人兄弟の長男）

相談時の主訴は"友達と遊ばない，保育園では室の隅の方でひとりでいることが多く，友達の中に入っていかない，自閉症なのではないか"という社会性の発達に関することであった。

母親の話によれば，本児の興味はもっぱらビデオ機器の操作である。保育園から帰宅するとテレビとビデオの生活が中心であって，ほとんど外遊びはしない。夜10時には就寝させるべく一度はベッド（2段ベッドの上段）に入れるが，間もなくひとりで起きだしてビデオ機器のところで深夜12時〜1時ごろまでひとりで遊んでいるとのこと，父親が午前1時ごろ帰宅するのでその後就寝するが，翌朝は保育園に登園する時間ぎりぎりに無理に起床させ間に合うように送りとどけているということであった。

当日実施した発達スクリーニング検査で，本児は検査課題の指示を無視して検査用具の勝手な取り扱いや行動をとったが，決して自閉的ではなく，むしろ発達の遅れが疑われた（スクリーニング検査としてのJDDST評価[1]により異常）。

本児の問題は発達の遅れがあって友達との遊びの中に入っていけないことであるが，しかし一見複雑なビデオの操作に興味を持ち，子どもなりに楽しんでいるように母親には見えたことである。母親は就寝時間の遅いことを気にしながらも子どもがビデオに夢中になっていることをあまり気にかけていなかった。子どもがビデオを見ることによって"何を学んでいるのか"という視点から疑問を持つことなく放任していた。いいかえれば，本児は大人が積極的に介入して遊び方を教えてやる必要がある事例であった。

2．子どもの遊びの機能

これらの事例にみられるように，子どもの遊びにはいろいろな要因が関与している。大人の遊びが仕事と対比してとらえられ，"余暇の活動"とされることと質的に異なることは明らかである。しかし，それでは子どもの遊びとは何なのかという疑問に答える満足すべき定義は現在のところ見当たらない。子どもの遊びは種々の側面からとらえられて説明されており，さまざまな学説が存在している。例えば，余剰エネルギー説，生活準備説，反復説，浄化説，自己表現説，内部世界と外部世界との均衡説，同化説などがある。中でもフランスの哲学者アンリオJ[2]によるPiaget J[3]の同化説を参考にした定義は大人の遊びにも共通するものとして興味深い。彼は"遊びとは何よりもまず，遊び手とその遊びとの間に存在する遊びによって成立する"とし，また，遊

ぶ者の意識が重要であることを強調している。そしてどんなものでもいい（自然なもの，技術的なもの，生物的なもの，人間でも），とにかくある事物の中に遊びが存在するのは，そのものの働きの中に未決定な余裕の幅が忍びこんだときであるという。事例Bのようにビデオ機器の操作に夢中になっていたり，事例Aのように網戸をなめたりしていても，それらの活動の中に気持ちのうえで余裕が存在すれば遊びとみなすことができよう。しかし，これを強迫的に行っているとすれば遊びとはいえないことになる。

ところで，人間以外の動物にも遊びはある。しかし，これら動物の遊びの定義についても完全に満足すべきものはなく，White L[4]によれば，"定義の最善の方法は non-play activity から遊びを区別する多くの特徴を挙げることである"と述べている。動物の遊びは食べること，寝ること，排泄することなど生存に直接かかわりのない行動であるといえるようである。

遊びは大人時代よりも子ども時代により多くみられるが，その機能の一つとして重要視されることは，遊びをとおして子どもが大人になって必要とされる行動を身につけていくことである。このことは人間だけではなく哺乳類のコドモに共通することである。チンパンジーのコドモが母親や兄弟姉妹などと生活をともにしながら，遊びをとおして白アリをとる巧みな技術を習得することが観察されている[5]。すなわち，遊びは自発的活動によって内的喜びや満足感を経験することであるが，それだけにとどまらずに，遊びの場面でみられる行動の一つひとつが将来に役立つ問題解決（problem-solving）に結びつくようにもなる[6]。

霊長類のコドモは母親や他のオトナとの遊び，また，コドモ同士の遊びをとおして，属する群の中で生活していくうえで必要とされる行動の構成要素を学び，同時に可塑性に富むコドモ時代に新しい問題に対処する能力も身につける働きをしている。そして，コドモ時代の遊びは身体的諸機能の co-ordination が十分でないレベルで始まり，ワカモノでピークに達し，身体・社会的にオトナになるにつれてその頻度や持続時間が低下していく。この傾向は一般に人間の場合にも当てはまるが，しかし，人間の場合には寿命の延長に伴って成人中期〜老年期が長くなり，この時期の余暇活動としての遊びが近年注目されるに至っている。このことに関しては子どもへの遊びの伝承という視点から後に触れたい。

人間に特有の"ごっこ遊び"

子どもの遊びは発達に伴って力動的に変化するので，いくつかのタイプに分類することができる。一般に，①練習遊び（3歳ころまで），②ごっこ遊び（3〜5,6歳ころまで），③規則のある遊び(7,8歳以後)と大分類されたり，あるいは①運動遊び(motor play)，②事物による遊び（object play），③社会的遊び（social play）[7]と分類されたりしている。

運動遊びとは，跳んだり，はねたり，スキップしたりということであり，活動それ自体に遊びの要素がある。出生時に未熟な状態で生まれる人間の子どもには運動遊びが，より複雑な活動パターンを発達させる基礎となる。平面を上手に歩くようになり，

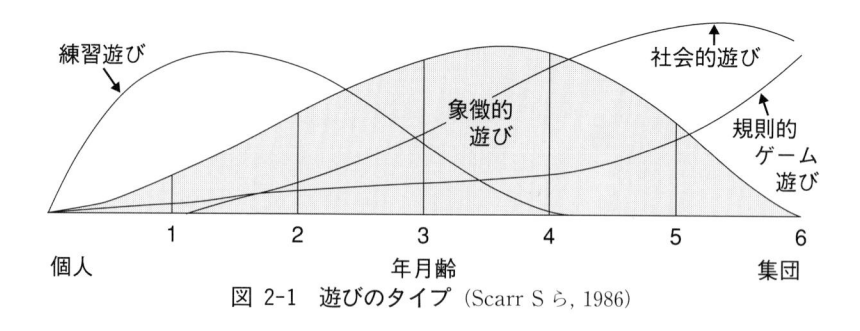

図 2-1　遊びのタイプ (Scarr S ら, 1986)

階段のよじのぼりを練習したりしてから，水たまりを飛び越えたり，三輪車に乗ったり，ジャングル・ジムに登ったりする，などの遊びを行い，これらの運動遊びにより子どもは活動範囲を次第に拡大していく．人間以外の比較的成熟して生まれる動物のコドモなら，すでに持っている技能を運動遊びで練習して獲得するということになる．

事物による遊びも人間以外の動物にもみられる．コネコがヒモで遊んだり，自らの尾にじゃれたりすることなどである．人間の場合にはこの遊びで対象となる物の性質や空間的な関係をさぐったり，あるいは対象物の新しい使用方法を見つけたり，問題解決の新しい戦略を考えたりすることになる．つまり，子ども時代にあるこのタイプの遊びには大人が道具を使用し，道具を介して環境を変えるという能力の芽ばえがみられる[6]．

また，幼児は社会的遊びによってさまざまな社会的役割を演じたり，大人の行動を模倣したり，過去の経験を再現したり，あるいは欲求・願望などを表現したりする．現実には不可能なことであっても，もしこのようなことをすればこんなことが生じたかもしれないということを遊びを介して子どもは学ぶことができる．これは一般にいう"ごっこ遊び"に相当するものであるが，必ずしも他者の存在を必要とせず，ひとりでもこれを行うことができる．自分に話しかけたり，想像上の友達，あるいは人形やぬいぐるみの動物と遊ぶこともある．

図2-1は練習遊びが子どもの年月齢が高くなるにつれて減少するが，逆に社会的遊びや規則のある遊びが次第に増加していくことを示している．

運動遊び，事物による遊びなどは人間以外の動物にもみられるが，"ごっこ遊び (dramatic play, make-believe play)"，あるいはPiagetのいうsymbolic playは人間に特有な遊びである．先にも触れたようにこの種の遊びでは遊ぶ者（複数のこともある）がしばしば役割を与えたり，与えられたり，あるいは，人形とか動物のような遊戯用具に役割を与えて行動する．また，遊ぶ者には想像的なテーマがあり，テーマが遊びの主な動機となって活動が展開される．つまり，人間以外の動物にも道具を用いた遊びはあるが，テーマのある"ごっこ遊び"，"ふり遊び"は人間に特有のものである．

1．精神発達との関連：同化

いろいろな名称で呼ばれるこの種の遊びは，社会的関係の理解および象徴的能力の発達（精神発達）に密接に関係している．Piaget[3]はsymbolic playが図2-1に示すよ

うに逆U字型をとって発達すると述べている。すなわち，彼は遊びの体系の中で，①練習遊び（practice play），②象徴的遊び（symbolic play），③規則的遊び（games-with-rules）が発達に伴って順序よく現れるが，象徴的遊びは生後2年目になると出現し，6歳ころまで活発に展開されるようになるという。

満1歳の誕生過ぎの子どもは食事時間とは関係なく空のコップを持って自分が飲むまねをしたりしはじめるが，1歳6カ月過ぎになると自分ではなく人形の口元にコップを持っていき，飲ませるふりをしはじめる。これらの行動はその子どもの周りの物との関係で意味を持つようになったことを思わせるが，子どもが自分自身のふるまい（actions）によって，存在しないもの，または，経験したことを現す能力を発達させていることでもある。そして，このタイプの遊びの特殊な意味は，言語の発生とほぼ一致していることである。両方とも，これまで経験した感覚運動的知覚を頭の中に思い浮かべることができるようになる能力の発達と関係している。"象徴的"機能の現れである。このようにして二語文を言えるようになるころから"ごっこ遊び"は急速に発達するが，5, 6歳以後になると次第に規則的遊びに席を譲るようになる。

ところで，ごっこ遊びは知的発達と関係するので，2, 3歳になればどの子どもにも出現するわけではないことに注意したい。先に述べた事例AやBにみられるように，知的に遅れのある場合には練習遊びが長期間にわたることがある。逆に，ごっこ遊びを豊かに演ずる子どもはそうでない子どもに比べてより創造的であるとも報告[8]されている。

2．都市化との関連：同化とカタルシス

Feitelson D[9]は"ごっこ遊び"の出現に文化・社会的要因が関与することを指摘している。"ごっこ遊び"は伝統的な社会に住む子どもたちにはあまり出現せずに，高度に工業化・都市化された社会に住む子どもたちの遊びにより多くみられるという。このことはこの種の遊びにある2つの機能，すなわち同化とカタルシスによって非伝統的社会に住む子どもの社会的適応と健全な発達を促す重要な役割を果たしていると考えられる。

伝統的社会と非伝統的社会との間には子どもと大人の生活の関係に大きな差違があり，これが非伝統的社会に住む子どもたちにとって"ごっこ遊び"が大切な理由となっている。伝統的社会においては非伝統的社会に比べて大人たちが農業，漁業や狩猟によって生計を立てていることが多い。一般に，人々は住まいと仕事の場所があまり離れておらず，子どもたちは大人と一緒に仕事場へ行き親や大人たちが毎日働く姿を見る機会が多い。彼らは遊びとして大人の仕事の模倣をし，次第に大人たちの日常の仕事にも参加するようになっていく。したがって，このような社会に住む子どもは模倣遊びをとおして大人の社会的な技能（skills）やその他の生活技能を自然に獲得するようになる。子どものために特別に作ったおもちゃを用いることはまれであり，子どもたちは追いかけっこをしたり，からかったりという遊びは多いが，ごっこ遊びは少ないという。

一方，都市化された社会に住む子どもたちの生活はまったく違った状況にある。親の生活は分業の仕組みによって仕事と家庭に分離され，子どもたちは家庭にいて親た

図 2-2 母親が遊び相手になってやった時間（上田ら，1984）

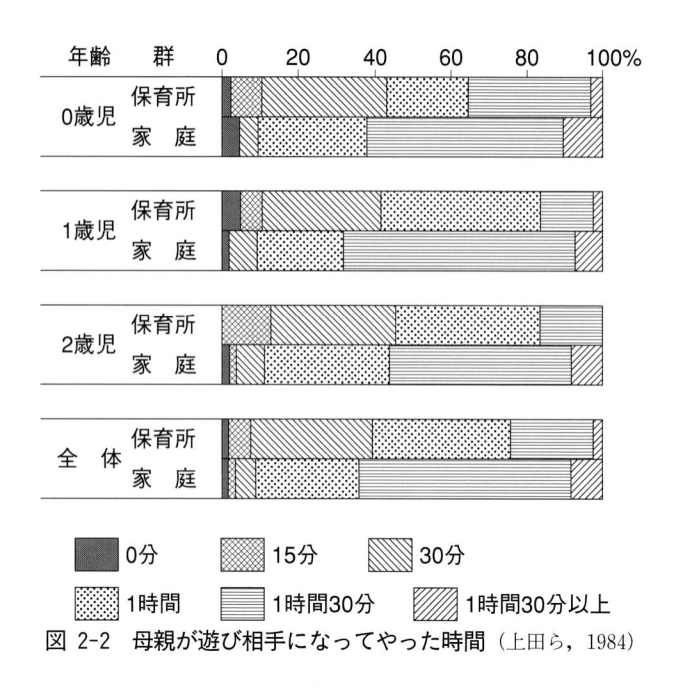

ちの仕事に直接触れることがない。出生直後から抽象的な言葉，メディアを介して世の中の出来事に関する多くの情報に接する。テレビや絵本などを介して実際に見たこともない事物や人物に関心を抱くようになる。子どもたちはそのような対象に対する自分たちの関心事を，実物とは異なる子ども用のおもちゃを用いてごっこ遊びの中で取り扱い，遊びをとおして疑問を彼らなりに解決して外界への理解を深めていく。つまり，大人たちの仕事の場が子どもたちの生活の場から切り離された状況の中で，子どもたちは複雑な社会的関係を理解するために，自発的な学習の機会としてごっこ遊びをますます必要としているのである。

また，カタルシス的視点からごっこ遊びの価値をみると，非伝統的社会に住む子どもたちにとって現実に処理しきれない不安や不快は少なくなく，これらを遊びによって消去あるいは軽減できることになる。ごっこ遊びは不安のはけ口となり，特に言語能力がまだ十分に発達していない幼児にとって葛藤を解消する一つの手だてとなる。

ここで再度事例AとBを検討すると，沖縄県の離島にあっても急激な都市化によって家庭生活にも変化をきたしているが，親たちは子育ての面で積極的な対処の仕方，すなわちおもちゃの重要性や子どもの遊びへの介入の方法を見いだせずに子どもの特殊な行動として"くせ"や"ビデオ機器へのこだわり"などが出現してきたとも推察されよう。

ごっこ遊びへの親の関心について1984年に筆者ら[10]が1歳7カ月〜3歳6カ月の幼児（保育園児と家庭児それぞれ約150名）の母親を対象として，ふだんの日の遊びの種類と程度を調査した結果をみると，保育園児の母親には遊び相手になってやった時間が少なく（図2-2, 2-3），"ごっこ遊び"の相手になることが少ない傾向が認められた。保育園児の母親が日中子どもから離れているために，遊び相手になる時間の少ないことは当然としても，ごっこ遊びの相手になることが少ないことには関心を払わなければならない。

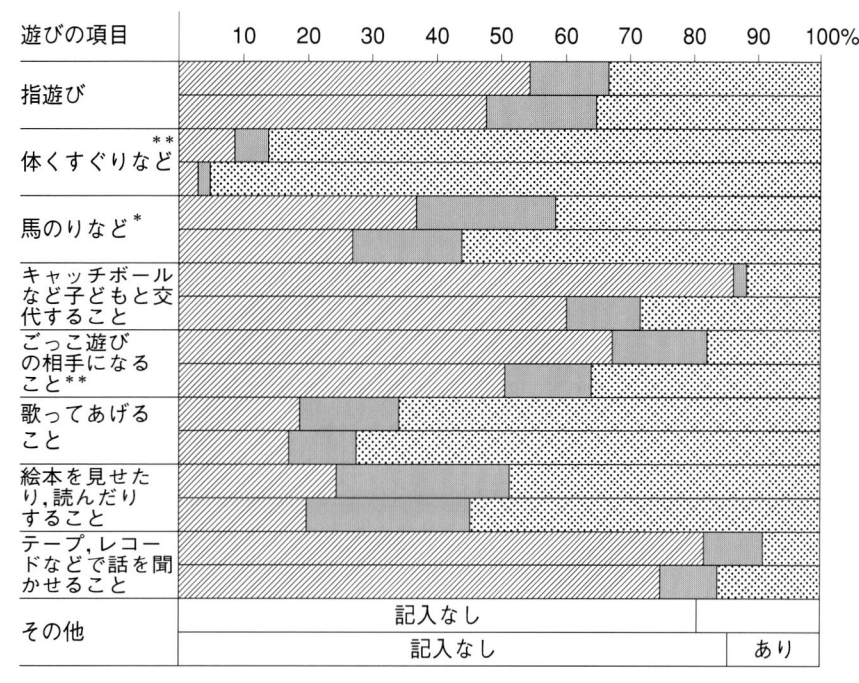

図 2-3 遊び―家庭児と保育園児の比較（上田ら，1984）

　保育園児には母親のこのような機能を代償して保母が日中ごっこ遊びの相手になってやっているであろうか。この調査から回答を得ることはできないが，米国，イスラエル，ロシアなどではごっこ遊びが大人との相互作用によって解発（release）されることを重視して，幼児の集団保育，教育のカリキュラムにおいて重点的に取り入れられていることが報告されている。

子どもの遊びを促す条件

　一般に動物は，食物，暖かさ，睡眠などの生理的欲求が脅かされていると遊ぶことはない。一方，天候の状態や遊び仲間の数や有用性，集団に属するものの機嫌，危険の存在などの環境的要因によっても遊びの"発現と様相は左右"される。また，遊びの発現する内的要因として個体の側にちょうどよい程度の内的覚醒状態が必要であるという知見もある。

　これらのことは人間の遊びの発現にも基本的に当てはまるが，人間の子どもの遊びは具体的に4つの条件によってその発現と様相は影響される[11]。

1．遊戯空間

　これは子どもが自由に使用できる空間を大人が与えているか否かを意味する。しかし，物理的空間が与えられているか否かということだけではなく，遊戯を誘発する空

表 2-1 平均遊び時間―屋外 (上田, 1990)

地域	東京都（都内）		東京都（離島）		沖縄県		岩手県	
学年	低学年	高学年	低学年	高学年	低学年	高学年	低学年	高学年
平均（分）	83	53	96	48	74	61	72	53
SD（分）	59	57	73	49	65	63	56	65

表 2-2 平均遊び時間―屋内 (上田, 1990)

地域	東京都（都内）		東京都（離島）		沖縄県		岩手県	
学年	低学年	高学年	低学年	高学年	低学年	高学年	低学年	高学年
平均（分）	43	41	47	48	61	55	104	98
SD（分）	50	44	53	54	56	52	64	50

間の存在が必要である．

例えば，日本国内でも一般に地方は都市に比較して子どもたちの遊戯空間があるので外遊びがより多いと考えられがちである．しかし，筆者が東京都の小学生179名(都内84名，離島95名)，岩手県農山村の小学生202名，沖縄県離島の小学生116名を対象として日課の調査を行い，屋外および屋内遊びの時間を検討した結果，これは必ずしも当てはまらないことが明らかになった．表2-1に示すように，いずれの地域においても屋外遊び時間は低学年に比べ高学年のほうが少なかったが，地域別に比較すると，①東京都では高学年において都内のほうが離島に比べて遊びの平均時間はむしろ長い傾向にあり，②沖縄県離島や岩手県農山村の子どもは，東京都の子どもに比べて必ずしも屋外遊びの時間が一貫して長いとはいえなかった．一方，屋内遊び時間を比較すると（表2-2），低学年高学年ともに，①東京都では都内よりも離島のほうが長く，②沖縄県離島や岩手県農山村の子どものほうが東京都の子どもよりも長かった．これらの結果は，空間以外にも遊びを促す条件を考えなければならないことを示している．

2．遊戯時間

子どもが，塾，おけいこ，お手伝いなどから解放されて遊びの自由な時間を持つか否かである．特にごっこ遊びの本質は計画性とテーマの着想にあるので，子どもが邪魔されない比較的長い時間を持たないとこの種の遊びは発現しない．大人が子どもの遊びは"くだらないもの"，"暇つぶし"であり，もっと価値のある勉強とか仕事をすべきであると考えている社会なら，子どもが遊戯時間を持つことは難しい．子どもの遊びは"当然なこと"とみなされる社会においてのみ持つことのできる時間である．

3．遊戯用具

遊ぶ物あるいは子どもが想像を働かせて操作できる物として，木片，砂，水などの自然物もこれに含まれるが，自然物が周囲にあるということだけでは遊びを誘発することにはならない（離島や農山村の子どもたちが都市に住む者に比べて必ずしも長く遊んでいるわけではないことがこれを物語っている）．遊具になるには，ⓐ遊びに応じうるもの，ⓑ現実と想像の世界をつなぐ媒介物であること，ⓒ存在するだけではなく，

子どもがそれに親しみ，必要なときにはいつでも自由に使えるようになっていることなどが必要である。これらの条件に合えば必ずしも意図的におもちゃとして作られたものでなくともよいのである。

4．遊戯のための雰囲気

遊戯を誘発する雰囲気はこれまでの中で最も重要なものである。通文化的研究[9]から，ごっこ遊びは子どもが自然にできるようになるのではなく，これを誘発する大人との相互作用によって解発されることが知られている。大人はおもちゃの人形を用いて子どもたちが人形の気持ちになって考えるような機会を作ってやることがごっこ遊びの解発になる。

これらのことから，特に人間の子どもの遊びを促す条件として，空間，時間，仲間，遊戯用具などの有無だけではなく，子どもの遊びの着想とテーマを豊かに発展できる雰囲気が大人社会にあるかどうかが問われなければならない。大人になってからの独創的な仕事の芽は子ども時代の遊びの質にかかっているといえるようである。

子どもの遊びにおける大人の役割

子どもの遊びは自発的な活動であるとはいえ，いくつかの前提条件が満たされなければ生じないことについては，すでに述べたとおりである。大人は子どもの遊びを促す条件を社会に作りだすことが大切である。子育て中の親たちの中には子どもとのかかわり方や遊ばせ方を知らない者も現れてきている今日[12]，子どもの日課を記録することにより，それに基づいて適切な遊び方を支援する教育的・個別的支援[13]，あるいは子ども(孫)への関心度が高い祖父母[14]やボランティアの人たちの協力を得て，親子で遊ぶ機会を地域社会の中に作るグループ活動など，多様なアプローチが期待される。

病気や障害のある子どもたちにとっても遊びは健常児と同じように大切なばかりか治療的意義を持つものでもあるので，大人はできるだけ遊びの機会を作ってやる努力が必要である[15,16]。障害児のために特別に工夫されたおもちゃや障害児のためのおもちゃ図書館なども積極的に活用することが期待される[17]。そして，地域におけるこれらの情報[18]を親に提供したり，相談に応じたりすることは，医療・保健・福祉，教育関係者の重要な仕事の一部であろう。

おわりに

子どもの遊びは診断，治療，教育的な角度からそれぞれ論じることができるが，ここでは子どもの発達と生活様式との関連で述べた。ただし，粘土，水，積木，人形などそれぞれの遊戯用具が子どもの発達にとって持つ意味を遊びの様式との関係で論じることは省略したので，興味のある方は参考書[19]を参照していただきたい。ファミコン，コンピュータゲームに興じる子どもたちの姿は今日の大人社会のあり方と無関係ではない。豊かな心をはぐくむために大人は子どもの遊びの質に関心を向ける時代になっている。

【文献】

1) 上田礼子：日本版デンバー式発達スクリーニング検査—JDDSTとJPDQ．医歯薬出版，1980
2) アンリオJ（著），佐藤信夫（訳）：遊び—遊ぶ主体の現象学へ．白水社，1981
3) Piaget J：*Play, Dreams and Imitation in Childhood*. WW Norton & Co Inc, New York, 1962, p 87
4) White L：Play in animals. in Tizard B, Harvey D (eds)：*Biology of Play*. William Heinemann Medical Books Ltd, London, 1977, p 15
5) Van Lawick, Goodall J：Early tool using in wild chimpanzees. in Bruner JB, Jolly A, Sylvia K (eds)：*Play*. Pengin Books Ltd, London, 1976, pp 222-225
6) Bruner JS：The nature and use of immaturity. *American Psychologist* **27**：687-708, 1972
7) Scarr S, Weinberg RA, Levine A：*Understanding Development*. Harcourt Brace Jovanovich Publishers, New York, 1986, pp 250-251
8) Dansky JL：Make believe, a mediator of the relationship between play and associative fluency. *Child Dev* **51**：576-579, 1980
9) Feitelson D：Cross-cultural studies of representational play. in Tizard B, Harvey D (eds)：*Biology of Play*. William Heinemann Medical Books Ltd, London, 1977, pp 6-14
10) 上田礼子，坂下玲子，平山宗宏：早期に保育所を利用する母親の意識と行動．小児保健研究 **44**：579-585, 1985
11) 上田礼子：あそびの生物学．日本医師会（編）：子どものヒューマン・バイオロジー．春秋社，1980, pp 173-192
12) 上田礼子，小沢道子：3歳児をもつ母親の適応行動について．第35回日本小児保健学会講演集，1988, pp 114-115
13) Krajicek M, Turner C, Barnes P, et al：*Stimulation Activities for Children from Birth to 5 Years*. The JFK Child Development Center, University of Colorado, Medical Center, 1973
14) 上田礼子，小沢道子，平山宗宏：祖父母の育児へのかかわり—あそびの伝承を中心に．母性衛生 **27**：724-727, 1986
15) Kogan KL：Interaction system between preschool handicapped or developmentally delayed children and their parents. in Field TM, Goldberg S, Stern D, et al (eds)：*High-Risk Infant and Children*. Academic Press, New York, 1980, pp 227-247
16) Mogford K：The play of handicapped children. in Tizard B, Harvey D (eds)：*Biology of Play*. William Heinemann Medical Books Ltd, London, 1977, pp 174-175
17) リディックB（著），土佐林一（訳）：障害児のおもちゃとあそび．誠信書房，1985
18) 山田貞雄：地域通園施設における作業療法．OTジャーナル **23**：112-116, 1989
19) ハートレイRE, 他（著），上田礼子（訳）：子どもの発達と遊び．岩崎学術出版社，1978

（出典：上田礼子：子どもの遊び．小児医学 **23**：351-363, 1990）

2 入院児と遊び

　子ども，特に乳幼児が入院生活をするということは，子どもにとってどのような意味を持つのであろうか。それは大人の経験にたとえれば，見知らぬ外国へ行き生活するような体験ともいえるであろう。病気の診断・治療のために入院生活は必要であるとしても，家庭から分離された子どもは，①それまで一貫して世話してくれた親や家族，②なじみのある家庭と周りの環境，③日々の日課，④友達（学校）などから離れることであり，同時にきわめて特殊な病院の規則と統制に従い，病気自体に関する処置にも直面しなければならない。事態は深刻であり，子どもにとっては一種のカルチャーショックに相当する。

　このような状況におかれた子どもにとって，遊びは不快な経験の処理を助ける手段となり，不安や恐怖を外界に投影させるばかりでなく，自発的な問題解決を促し，自立心を獲得して，困難な状況を制御する一助となることが知られている。すなわち，入院児の身体的・情緒的・社会的発達にとって遊びは不可欠である。

子どもと入院

1．「入院」に対する理解と反応

　入院児の反応は短期的なものと長期的なものに分けられる。短期的反応は，なじみのある人や物的環境から分離して目新しい病院生活への適応を余儀なくされることから生じるが，その様相には子どもの年齢や理解の程度によって違いがある。一般に，3歳未満児の場合は入院の事実を理解することが難しい。入院児の反応として，泣き叫ぶなどの抗議，絶望，拒否などがみられる。3歳以後の幼児（4〜5歳）では自分の病気に関心を持ち，一応病気の治療に協力することができるようになる。しかし，反応として，これまで獲得されていた日常生活習慣の崩壊（夜尿の発生など）としての，退行，抑圧，攻撃性，拒否や引っ込み思案などがみられることもある。6〜12歳児では病気を治さなければならないという自覚を持つようになるが，病気の意味を十分に理解することは難しい。この時期には学校や仲間から離れてしまい，これまでのように一緒に行動できなくなることを悩むことも多くなる。そして退行あるいは成熟した行動を意識的に試みる，抑制または拒否の症状，昇華などの反応がある[1,2]。

　一方，入院が長期になると生活環境が病院・施設内に限定されるため多様な刺激に乏しく，また病院の日課に従って生活が営まれるため，無欲的，受動的になりやすい。すなわち，ホスピタリズム（hospitalism）に類似する症状が発現しやすい状況にある。慢性疾患のある小児はホスピタリズムに陥る危険性と同時に，一方では病状の悪化への不安や死の恐怖にも直面することも考慮しなければならないであろう。

表 2-3 用語（病気，保健所，病院）の理解

用語＼理解	知っている	知らない	合　計
病　気	77.8%	22.2%	100.0%
保健所	26.5	73.5	100.0
病　院	76.4	23.6	100.0

(n=72)

　これらの入院に対する好ましくない反応を軽減するために，入院前の準備[3〜5]や入院中のあり方[6〜8]が工夫されてきている。しかし，子どもたちがどの程度医療に関することを理解しているかを具体的に知ることも必要である。

　これまでの知見によれば，知的発達段階が前操作的表象の時期（2〜7歳）には言語能力と概念化が発達してきているとしても，物事を自分に結びつけて考える傾向が強く，大人が意図して説明した内容とくい違う可能性のあることが指摘されている[9]。Steward Mら[10]は幼稚園児を対象とし注射器と聴診器に関する面接調査を実施した結果，彼らは自己中心的であり，すべての物事や過程を自分自身に結びつけ，見ることのできるものについてのみ考えるので，幼児の説明は魔術的（magical）なものになると報告している。また，Cambell JD[11]は入院児の病気の概念について調べ，幼児の概念の的確さが年齢と経験との相互作用の関数であること，それゆえに子どもが発達するに従って大人と同じ概念をより多く共有するようになることを述べている。

2．「入院」に関する語句の理解

　幼児の入院・医療に関する事柄の理解については，入院児を対象とした研究が比較的多い。しかし，筆者ら[12]は入院予備群としての保育園・幼稚園児（4〜6歳）を対象とした，①医療に関する用語，物品，人物の理解の程度，②それら幼児の理解の程度に関与する諸要因の調査，検討を試みたので，少し詳しく述べておこう。具体的には，①医療に関する用語として，病気，病院，保健所の意味，②医療に関する10個の物品（注射器，絆創膏，飲み薬のびん，聴診器，包帯など）を1つずつ提示した名称と用途の理解，③医療従事者（医師，看護師）の絵を1枚ずつ提示して名称と役割の理解，④受療行動として，「病院へ行く」「聴診器で診療を受ける」「薬を飲む」「検温される」などに対する情緒的反応を調べることであった。情緒反応の観察にあたっては，「笑い」「驚き」「普通」「泣き」「怒り」の5種類の表情を描いた5枚のカードを被検児に提示し，上記の受療行動に際して自分の気持ちを表しているカード1枚を選択するように求めた。

　結果は，一定の分類基準を定めてこれに従って回答を分類した。表2-3に示すように，用語に関して，幼児が比較的よく知っていたのは病気（77.8%），病院（76.4%）であったが，保健所はあまり知らなかった（26.5%）。

　80%以上の幼児が知っていた物品の名称は，注射器（94.4%），絆創膏（86.1%），包帯（83.3%），飲み薬（81.9%）であったが，これらのうち用途に関しても80%以上の幼児が知っていたのは，絆創膏（98.6%），注射器（88.9%），包帯（87.5%），飲み薬（83.3%）であった。また，医療従事者の名称に関しては，医師（84.7%），看護師

表 2-4 医療従事者：名称と役割についての理解

医療従事者 \ 理解	名称を知っている	役割を知っている
医師	84.7%	76.4%
看護師	81.9	66.7

(n=72)

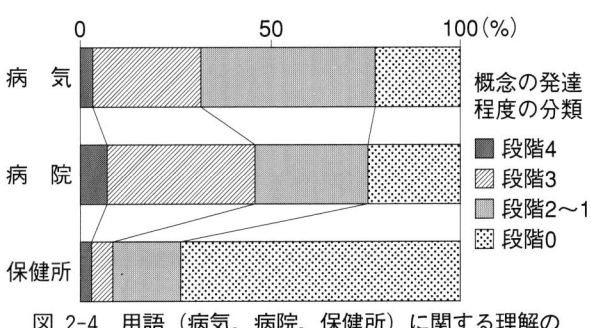

図 2-4 用語（病気，病院，保健所）に関する理解の程度

表 2-5 回答の分類基準

	Ⅰ 用語・物品の用途，医療従事者の役割に関する理解の程度		Ⅱ 病気に関する理解の程度（一例）
段階4	・抽象的な概念または目的を答える	段階4	・（体に）ばい菌が入ること ・体が弱くなること
段階3	・概念または目的に通じる具体的な経験，または事項を複数答える ・抽象的な概念または目的を答えているが，その答えを限定してしまっているもの ・状況設定ができている経験	段階3	・水遊びで遊びすぎたり，汗出したりすると熱が出るかもしれない（原因を複数答えた例） ・お腹が痛かったり，くしゃみしたり，鼻水が出たりすること（症状を複数答えた例） ・おねんねして，お薬飲まなきゃいけない。大きな病気だったら手術しなきゃいけない（結果を複数答えた例）
段階2	・概念または目的に通じる具体的な経験，または事項を単数答える		
段階1	・概念または目的に直接かかわりを持たない具体的な経験を答える ・中途半端な知識を答える ・不十分な回答	段階2	・水遊びして風邪をひいたりすること（原因を単数，病名を単数答えた例） ・幼稚園へ行けないこと（結果を単数答えた例）
段階0	・誤答，意味不明の回答，無回答	段階1	・風邪をひいてテレビを見たことある
判定不能	・正しいことと誤ったことを同時に答える ・解釈の仕方により複数の得点への所属が考えられる答え	判定不能	・悪いこと

（81.9％）であったが，両者の役割を知っている幼児はそれよりも少なく，76.4％が医師を，66.7％が看護師の役割を知っているにすぎなかった（表2-4）。

ここで重要なことは，幼児が知っている程度に種々のレベルがあることであった。

表 2-6 物品の用途に関する理解の程度

物品＼段階	4	3	2	1	0	判定不能
体温計*	48.7%	22.2%	22.2%	0.0%	6.9%	0.0%
氷　枕	27.8	20.8	22.2	0.0	29.2	0.0
脱脂綿	27.8	16.7	11.1	6.9	37.5	0.0
注射器	25.0	15.3	44.4	4.2	9.7	1.4
聴診器	18.1	11.1	44.4	2.8	16.7	6.9
飲み薬	12.5	33.3	34.7	2.8	16.7	0.0
包　帯*	5.6	55.5	23.6	2.8	11.1	1.4
絆創膏*	1.4	56.9	38.9	1.4	1.4	0.0
消毒薬	5.6	26.4	23.6	2.8	40.2	1.4
湯タンポ	6.9	4.2	1.4	0.0	87.5	0.0

*50%以上の幼児が3および4の段階のレベルで理解しているもの　　　(n=72)

表 2-7 医療行為に対する情緒反応

医療行為＼分類	笑う	驚く	普通	泣く	怒る	複数回答回答なし
聴診器で診察	41.7%	12.5%	33.3%	0.0%	1.4%	11.8%
体温計で検温	27.8	15.3	34.6	1.4	5.6	15.3
薬を飲む	23.6	20.8	18.1	11.1	8.3	18.1
病院に行く	25.0	4.2	26.3	25.0	2.8	16.7

(n=72)

図2-4にみられるように病院や病気の理解に関して4段階に分け（表2-5），段階4の抽象的概念で回答したり，あるいは目的を話したりした幼児はそれぞれ6.9％，2.8％にすぎず，誤答や意味不明の回答をした者はそれぞれ約1/5あったのである。また，物品の用途の理解の程度に関する結果は表2-6のようであり，50％以上の幼児が3および4段階のレベルで理解しているのは，体温計，包帯，絆創膏のみであった。これらの結果は，幼児が日常の生活とはかけ離れた「病院」とか「病気」をいかに正しく理解することが難しいかを物語っている。一方，用語の理解の程度が示すように，物品の中でも自分の体に直接一定時間以上接触する体温計，体に付着する絆創膏や包帯などの理解はよいが，逆に他人によって施行される医療行為や，子どもが家庭で見たり触れたりする機会のほとんどない物品（湯タンポなど）に対する理解は乏しかった。

さらに受療行動に対する情緒反応で興味あることは，「病院に行く」ことに対して「笑う」（25.0％），「泣く」（25.0％）と快・不快の相反する反応が同じ割合でみられたことである。そして，「病気」「病院」という言葉を知っていると回答しながら「病院へ行く」という受療行動の意味を理解していない幼児が少なくとも42.4％（「笑う」25.0％と無答16.7％）存在していることになる（表2-7）。

これらの結果から，幼児は日常経験していない事柄を言語を介して理解するのに限界があることを知る必要がある。彼らが理解しやすいのは，自ら見て触れたり操作したりして取り扱うことができる物や事柄である。これらのことは，幼児にとって周りの環境を理解するのに自発的活動としての遊びが必要となる大きな理由でもある。

入院時の遊びの意義

　入院によって二次的に生じる情緒的障害を最低限にし，できれば入院中の経験が子どもの発達上プラスになるような配慮はできないものであろうか。これには入院前の準備教育，面会の頻度，母子（親子）入院の制度，個々の処置・検査上の配慮など多々考慮すべきことはある。これに関して Erikson FH[13]は，遊びが入院中および退院後の子どもの不満，不安，恐れ，抑圧，欲求などを表出させる機会ともなることを実証している。適切な遊戯用具による遊びを介して，大人は子どもの考えていること，感じていることを知り，誤解のないようにコミュニケーションを図ることができる。すなわち，遊びの診断的および治療的意義が存在する。また，長期入院によって生活が画一的で単調になりがちな子どもにとっては，新しい遊びの工夫や遊戯用具の活用が教育的意義を持つことにもなる。

1．遊戯用具の役割

　遊戯用具は，子どもにとって大人には想像もできないような重要な意味を持っている。自宅で愛用していたぬいぐるみの人形，あるいは動物を入院に際して持参する子どもにとって，これが転移物（transference object）として役立ち，安心感を与える。また，治療のために医師から注射された子どもは，後に人形あるいはおもちゃの動物で「お医者さんごっこ」の遊びを思いつき，遊びの中では自分が医師の役割を演じることによって現実の苦痛と不安を克服する。また，安静を強いられている子どもの攻撃性は，大人の積んだ積み木を意図的に倒すことによって解消されることもあるし，あるいは自ら積み木を操作して何かを作ることによって，病院生活では味わうことの少ないコントロール感とか達成感を味わうこともある。側にいる大人がそれらを認めてほめてやると，自分も価値あることをすることができると知って自信を得ることにもなる。

　このように，人形，おもちゃの動物，積み木などは，それらを取り扱う子どもによって多様な意味を持つ。その他，絵画，フィンガー・ペインティング，粘土細工，工作，手芸，ゲーム，あるいは本，音楽や砂・水による遊びもある。これらの遊戯用具を大人と比べてかなり違った用い方をすることもあるが，それぞれの遊戯用具の特徴[14]と子どものニーズの両方を考慮して遊戯場面を構成するとよい。

2．遊びを介した他の子どもや大人とのコミュニケーション

　乳幼児など言語能力が十分に発達していない時期の子どもばかりではなく，年長児であっても自らの遊びに関心を示してくれる者がいれば，子どもはごく自然に心を開いて自ら考えていることや感じていることを話してくれる。すなわち，大人は遊びを介して子どもを知ることができるし，逆に子どもは自分のことに関心を持っている大人がいることを知り，両者の意思疎通が可能となる。

　また，遊びはひとりですることもできるが，ごっこ遊びやゲーム遊びなどのようにグループで行うものもある。一緒に歌を歌う，レコードを聴く，また，大人が本を読

んであげた後にそれについて話し合うなどのレクリエーション活動や読書活動も広い意味の遊びに含めることができよう。遊びを介して自発的にできあがるグループ，あるいは治療・教育的な意図から大人が作るグループ遊びによって，楽しみながら他の子どもたちとの交流の仕方を学び，情緒・社会性の発達が促される。

遊びと医療・保健活動における大人の役割

アンリオJ[15]は「ある事物の中に遊びが存在するのは，そのものの働きの中に未決定な余裕の幅がしのび込んだときである」と述べていることはすでに述べた。子どもに遊びが大切だからといって大人が一生懸命に遊びを教えようとすれば，自発的な活動である遊びの意味が失われてしまう。これは，不眠症の人が早く眠ろうと努めれば努めるほど寝つけないのと同じようなことかもしれない。大人は，子どもの遊びの意義を認めながら遊びの雰囲気を生活の場に作ってやることが大切であろう。

子どもは病気から入院という体験をとおして，医師，看護師，その他の職員とも関係を持ち，家庭生活では得られない経験をする。親からの分離を子どもの置き去りと感じたり，苦痛を罰と誤解したりすることなく正しく理解すること，そして退院後も，医療に対して偏見のない関心を持てるようにするには，子どもと大人との遊びを介してのコミュニケーションが役立つものである。

しかし現実の病棟における看護師などの専門職者は，子どもの遊びに関心を持ちながらも医学的処置にかかわる日課に多くの時間を割かなければならないことも事実であろう。このような場合には，看護師が作業療法士や保母の協力を得て遊びの時間を子どもたちの予定表の中に組み入れたり，あるいは看護師の監督のもとにボランティアの人たち（学生や主婦など）を病棟に入れて，おもちゃの管理や子どもたちとの遊び相手になってもらうのもよいであろう。特に，すでに子どもを育てた経験があり，時間的に余裕もある大人がこの役割をうまく果たすこともあるが，米国では子育ての経験のない大人にも短期間の教育を行って，病棟内で child life worker として働いてもらっているところもある[16]。

病棟において一般的生活管理に責任のある看護師は，医療面からばかりでなく生活者としての子どもの環境にも配慮する必要がある。そして，子どもに自発的活動を促す遊びを生活の場としての病棟に用意するよう心がけることが望まれる。さらに，小児看護の対象が入院中の病児に限らず家庭で生活する子どもたちをも含むとするならば，健常児のより健全な発達を目指す家庭での養育上の支援や，退院して家庭で治療・リハビリテーションを続ける子どもたちへの支援も視野に入れなければならない。

都市化，核家族化の進行によって，子育てをする親たちの中には，子どもとどのようにかかわり遊ばせたらよいのかわからない人たちも現れてきている。他方，早期離床で装具など種々の医療機器や福祉機器を身につけて家庭で生活する子どもたちの親は，とかく医療的処置に関心が強く，子どもの自発的活動としての遊びには思いいたらないこともある。よほど重症児でない限り，子どもはどこにいてもどんな物を用いても遊ぶものであり，そのことによって身体・精神的機能の発達も助長される。看護職にあるものは，このような子どもの発達的特徴を知り，家庭・地域で生活する子ど

もたちにも他の職種やボランティアの人たちと協力して遊びの機会を提供することが望ましい．

近年，障害児のためのおもちゃ図書館が各地で開館されたり，感覚・運動的機能障害のある子どもたちのために特殊なおもちゃも工夫されるようになってきている．地域におけるこれらの情報を子どもの退院前に親に提供したり，相談にのることも看護職者の重要な仕事の一部であろう．

【文献】

1) 千羽喜代子：小児にとって入院ということはどういう出来事か．小嶋謙四郎（編）：小児看護心理学．医学書院，1982, pp 32-35
2) 上田礼子：遊び．小嶋謙四郎（編）：小児看護心理学．医学書院，1982, pp 148-177
3) Ferguson BF : Preparing young children for hospitalization : a companison of two methods. *Pediatrics* **64** : 656-664, 1979
4) Wolfer JA, Visintainer MA : Prehospital psychological preparation for tonsillectomy patients : effects on children's and parents' adjustment. *Pediatrics* **64** : 646-655, 1979
5) Crawford CF, Palm ML : Can I take my teddy bear? *Am J Nurs* **73** : 286-287, 1973
6) Beardslee C : The development of a trusting relationship in a two year old. *Matern Child Nurs J* **1** : 251-258, 1973
7) David N : Play : a nursing diagnostic tool. *Matern Child Nurs J* **2** : 49-56, 1973
8) Conway A : Oedipal concerns of a five year old girl during hospitalizalion. *Matern Child Nurs J* **2** : 39-48, 1973
9) Neuhauser C, Amsterdam B, Hines P, et al : Children's concepts of healing : cognitive development and locus of control factors. *Am J Orthopsychiatry* **48** : 335-341, 1978
10) Steward M, Regalbuto G : Do doctors know what children know? *Am J Orthopsychiatry* **45** : 146-149, 1975
11) Cambell JD : Illness is a point of view : the development of children's concepts o illness. *Child Dev* **46** : 92-100, 1975
12) 吉永亜子，上田礼子，平山宗宏：日常的な医療に関する幼児の認知．第31回日本小児保健学会講演集，1984
13) Erikson FH : Play interviews for four year old hospitalized children. Monographs of the society for research in child development, Inc, Vol. XXIII, No. 3, 1958
14) ハートレイ RE, 他（著），上田礼子（訳）：子どもの発達と遊び．岩崎学術出版，1970
15) アンリオ J（著），佐藤信夫（訳）：遊び―遊ぶ主体の現象学へ．白水社，1981, pp 119-120
16) 上田礼子，兼松百合子：入院児．和田 攻，小峰光博，上田礼子，他（監訳）：臨床看護マニュアル第3版．医学書院，1984, pp 1381-1382

（出典：上田礼子：入院児と遊び―小児看護における遊びの意義．小児看護 **12**：1143-1148，1989）

3 海外における遊び研究の動向

　1993年2月14日～19日にオーストラリアのメルボルン市において，第12回世界プレイサミット（World Play Summit）が開催され，「遊びと環境」をテーマに熱心，かつ楽しい研究発表・討論，ワークショップ，展示などがあった。筆者はこの会議に先だってアデレード市を中心に開催された pre-conference tour にも参加することができたので，pre-conference および conference での経験を述べ，生活と遊びとの関係を考える機会としたい。

IPA の歴史と活動

　まず，IPA について簡単に説明する必要があろう。これは International Playground Association の略称であり，1961年にデンマークで設立された非政府国際組織（NGO）である。設立当時は遊びの「場」づくりが課題の中心になり，文明国で困難になりつつある「子どもの遊ぶ権利」の実現のため，実践や研究の国際的情報交換を目的として設立された。その後，1977年に IPA の呼びかけで，遊びに関心を持つ人々が地中海のマルタ島に参集し，各国における「遊ぶ権利」の実現状況を検討した結果，遊びの状況は憂慮すべき方向へ傾いていることを確認した。それゆえに討議の内容をまとめて"遊びの重要性"を世界の人々へ訴え，遊びの状況を改善するための行動を呼びかける「マルタ宣言」を発表した。1981年の世界会議では，遊びの「場」づくりだけではなく，遊びの総合的な促進を図ることを目指して International Association for the Child's Right to Play と改称されている（ただし，略称としては IPA がそのまま用いられている）。

　現在，ヨーロッパ，北米，南米，アジア，アフリカなど約50カ国の団体や個人が IPA に加入しており，1990年6月の第11回世界会議は日本で開催され，「遊びと教育」がテーマであった。

　1993年のメルボルン会議は『第6回 ITLA（国際おもちゃ図書館協会；International Toy Libraries Association）』と合同して開催され，400人以上の出席者があったが，これは2つの協会の今後の活動のあり方を示唆していた。つまり，両協会の活動は物質面（遊び場，図書）から出発し，対人関係（コミュニケーション）のあり方を重視する方向へと焦点が動いてきている。

オーストラリアにおける生活空間と遊び

　Pre-conference tour のプログラムはアデレード市を中心に，周辺にある遊戯・レク

図 2-5 家庭から持参したもので自由に製作活動

リエーション施設，公園，新興地域開発地などを 2 月 5 日から 12 日の間に見学しながら，遊戯と生活環境との関係を多角的に考えさせるものであった。

　参加者は 11 カ国からの 48 人であり，毎日スケジュールに従って 8 時 30 分〜17 時ころまで，冷房つきのバスを利用して精力的に見聞を広めて歩いた。総じて見学施設の種類と数は，child care center 3 カ所，family care center 1 カ所，幼稚園 4 カ所，小学校 3 カ所，中学・高校 1 カ所，キンダージム 1 カ所，おもちゃ図書館 2 カ所，公園（動物，植物園を含む）9 カ所と車いす用公園 1 カ所，スポーツセンター1 カ所，新興開発地区などである。

　このように短い期間に私立，公立など設置主体が異なる施設を数多く見学すると，年齢や障害の有無にかかわりなく，オーストラリアの人々の生活空間の構成と養育や教育理念に共通した特徴がみえてくるし，同時にそれぞれの施設の特徴とそれが何によってもたらされているのかがよくみえてくる。

　例えば，保育園といえば，日本では朝 9 時から夕方 5 時まで子どもを世話してくれるところと一般には理解されよう。しかし，見学した施設では親の都合に合わせて保育の時間を決めて，世話，教育をしている。また，幼稚園の教育内容や方針は，設置主体によって多少の違いはあるものの，図 2-5 のように子どもたちの自発的な活動を最優先し，先生は素材の提供者であり，子どもたちが困ったときに支援する方針をとっていることで共通している。もし，子どもがアイデアに行き詰まったり，休憩を要するときには，じっくり静かに考えるようにとの計らいで "thinking chair" が用意されているところもあり，誠にほほえましい風景であった。社会・経済的に恵まれない地域にある幼稚園では 1 クラスの子どもの数も多く，先生は子どもたちを集めて本の読み聞かせやパズルなど，型にはまった教育的活動をしており，日本の幼稚園を思わせるところもあった。しかし，そのような場合でもグループ活動に入らずに家庭から持参したお弁当を広げて食べはじめる子どもがあっても，それは普通のこととして許されていた。日本の保育園や幼稚園では考えられないことである。オーストラリアでは，子どものしつけや教育の責任は親にあること，親は自分の責任において種々の養育・教育形態の中から自分と子どもに合うところを選択して利用するという個人主義が浸透していることを読みとれた。

図 2-6 キンダージムの親子

図 2-7 車いす用公園

　図2-6はキンダージムに参加している子どもと親である。この国でも核家族化とテレビの普及などによって，戸外遊びが少なくなった子どもたちに肥満が増加しているという。早い時期から身体的活動の楽しさを経験させ，予防のために親子が参加するキンダージムが人気を呼んでいる。指導者の講習会が開催され，全国的に普及しつつある。障害児に遊びが必要なことも当然のことであるが，無理に健常児（者）の中に入れて不快な経験をするようでは"楽しい"という遊びの本質からかけ離れてしまう。図2-7のように車いす用公園では子どもたちが楽しく遊んでいた。不安のない安全な場所で自分の能力を十分に試みる機会でもある。

各国の遊びに関する研究

　会議は，初日にアボリジニの伝統的楽器 didgieriedoo（原住民担当）とサキソフォン（白人担当）との合奏によるアトラクションがあり，全体を通じて主催国の特徴が強く現れていた。基調講演の題は，「遊戯の将来」「遊戯の広さと深さ」「地域における遊戯—社会的環境」「遊戯環境を豊かにすること—創造性と伝統」などであったが，いずれの演者も，工業化が進むにつれて社会全体が効率にのみ価値観を置くようになり，遊

戯の意義が見失われていくことに危機感をつのらせていた。多様な発想が必要な脱近代化社会にこそ，子どもから大人まで遊戯は必要なことを強調していた。

　さて，各国の発表の中からいくつか紹介してみよう。先進国イギリスからはダウン症児が青年期になってバレエを楽しめるようになったというビデオによる発表があり，また，大学や大学院課程で play specialist を養成するためのカリキュラムの考案が紹介されたりして，実践と学問的体系づけの両方向から遊戯を生活に意図的に取り入れる動きが示されていた。オランダでは，子どもの視点から play park を再検討しはじめた建築家の発表，スウェーデンからは盲児のために工夫するに至った遊具，ドイツからは地域全体を視野に入れた遊戯環境づくり（地域開発）などの研究発表があり，いずれも個人，家族，地域における人々の日常生活における遊戯のニーズから出発して研究活動に踏み込んでいることが特徴といえよう。

　オーストラリアからは，トレイラーに遊戯用具などをのせてキャラバン活動をしている人たちの紹介があった。これは親の転勤や移動によって見知らぬ土地に住むようになった親子が新しい地域での適応がうまくできるように助けることを目的として開始された活動だが，今では地域開発（community development）のために一役割を担うまでに発展してきている。広い国オーストラリアでのアイデアであるが，日本の転勤族の親子にも当てはまるようである。

　一方，インドなどの発展途上国からは，遊びを介して文字や数字を子どもたちに教える活動の紹介があり，遊戯の教育的価値を強調するものであった（日本の保育園，幼稚園の一部にも遊戯の価値をこれ以上に認めていないところもあるが）。

　筆者の発表テーマは「遊戯を介した母子間の相互作用パターンの違い―保育園児と家庭児の比較」であった。内容は，保育園児の親子には"ごっこ遊び"が少なく，その理由は，①母親が子どもと関わる時間が少ないこと，②ごっこ遊びの重要性の認識不足があることを指摘した。この発表内容は先進国において働く母親が増加してきていることもあって聴衆には共感を呼んだようであるが，子育て中の親が子どもの遊びの質に関心を払う必要があることを筆者は強調したつもりである。

　種々の国からの研究発表には，内容，形式にその特徴が現れており，日本も例外ではなかったと思われる。効率にのみ重点を置く日常生活がゆとりの心を失わせ，子どもにごっこ遊びの機会を少なくしている。先進国では21世紀を担う子どもの豊かな創造力を培うために大人自身が遊びの価値を認めて，時間，空間のみならず社会に遊びの雰囲気を作るべく努力を開始している。南オーストラリアでは公園づくりを主とした地域計画にエネルギーとお金を費やし，メルボルン市水道局職員が公園の緑を維持するためにいかに多額の水道料を負担しているかを誇り高く基調講演で語っていたことが印象的である。子どものためばかりでなく，老いて家庭にとじこもりがちな人々を戸外に誘い出し，健康な生活をするためにも仕事以外の環境づくりに多面的に取り組む時期が日本にも到来している。

　　（出典：上田礼子：南オーストラリア見聞記―第12回 World Play Summit '93 に
　　　参加して．OTジャーナル　27：648-650, 1993）

第3章

「あそび」「たのしみ」の概念

「あそび (play)」，「たのしみ (pleasureful experience)」という言葉は，一般に使用される日常用語であるが，学問的には明確な定義を要する専門用語 (technical term) でもある。そこで，本調査は日本の成人集団が「あそび」，「たのしみ」という言葉をどのように理解しているかに焦点を当て，世代間，性別間，さらに国を異にした文化間での類似性と差異を検討することを目的とした。このことは，子ども時代だけでなく生涯をとおして問われる「あそび」，「たのしみ」の質の検討に資することでもある。

対象と方法

　対象は，日本の首都圏（東京）にある3つ（M, S, T）の大学の学生とその家族である。本調査の分析対象は，年齢により60歳以上の老年グループ（以下，A世代）38人，40～59歳の中年グループ（以下，B世代）113人，18～24歳の青年グループ（以下，C世代）110人である。方法は，C世代に対しては質問紙法，A，B世代には，C世代の学生がそれぞれの家族を対象に質問紙を用いて面接法で行った。質問紙の内容は，①子ども時代から現在までの楽しみ経験，②「あそび」，「たのしみ」とは何かについての自由記述，③現在の健康状態，自己概念，④対象者の背景などから構成されている。「あそび」，「たのしみ」に自由記述された内容は，意味のとれる最少単位の語 (word) や句 (phrase) に分け，それをラベル化して分析した（KJ法に準じた）。本調査は1994年に行った。

結果と考察

1．対象者の社会的背景について

　対象者の性別は，老年グループA世代が，男12人，女26人，中年グループB世代は男53人，女60人，青年グループC世代は男51人，女59人である。平均年齢は，A世代は男73.1歳，女71.5歳，B世代は男49.3歳，女46.5歳，C世代は男女とも20.1歳である（表3-1）。兄弟数の平均は，A世代約6人，B世代約4人，C世代約2人と，若い世代になるにつれ兄弟数が減少してきている。この兄弟数の減少傾向は現在も続いていて，1995年の日本の合計特殊出生率は1.43であり，この少子化現象が今日の日本の大きな社会問題となっている。

　最終学歴は，A世代の男性で義務教育（尋常小学校卒）33.4％，高等教育（大学卒）66.6％，女性で義務教育（尋常小学校卒）54％，高等教育（短期大学・大学卒）20％，B世代の男性で高校卒と大学卒が各約4割，女性で高校卒6割，短期大学・大学卒3割である。C世代は大学生である。これらの結果は，時代とともに高学歴社会へ変化してきている日本の就学状況とほぼ類似している。今日ではほとんどの子どもが高校進学（進学率94.1％，1989）をし，高校が義務教育のようになり，3人に1人が短期大学・大学進学をしている割合である（短期大学・大学進学率33.4％，1992）。特に女子の進学率（36.8％，1989）は上昇している。有職者は，A世代は男性で約3割，女性で約1割，B世代は男性のほとんど全員が就労し，女性の就労は過半数（55％）であった。

表 3-1 対象者の背景 (1)

世代	A		B		C	
	男性	女性	男性	女性	男性	女性
n	12	26	53	60	51	59
平均年齢 (年)	73.1±8.9	71.5±6.4	49.3±4.1	46.5±3.8	20.1±1.6	20.1±1.6
誕生年	1908〜1935	1908〜1935	1936〜1954	1940〜1954	1971〜1977	1971〜1977
平均兄弟数(人)	6.0±2.2 (3〜10)	4.9±1.8 (1〜8)	4.4±2.0 (1〜9)	4.4±1.8 (1〜9)	2.4±0.7 (1〜4)	2.4±0.6 (1〜4)

表 3-2 対象者の背景 (2)

世代	A		B		C	
	男性	女性	男性	女性	男性	女性
n	12	26	53	60	51	59
学歴						
短期大学・大学卒	66.6	20.0	43.4	27.1	100.0	100.0%
高校卒	0	16.0	45.3	55.9	0	0
尋常小学校卒	33.4	54.0	11.3	16.9	0	0
生活の満足						
満足, 非常に満足	83.3	87.2	84.9	81.2	60.8	72.5%
やや不満, 不満	16.7	3.8	15.1	8.8	39.2	27.1

自覚的健康状態の不良の者は，A 世代 7.9%，B 世代 3.5%，C 世代 0.9% であった。生活の満足の状況は，A 世代の男女とも約 9 割が満足し，B 世代は約 8 割，C 世代は約 7 割が満足していると答えていた（**表 3-2**）。

2．「あそび」，「たのしみ」について

『あなたにとって「あそび」とは何ですか』という設問で自由に答えを求めた結果，**表 3-3** のように，答えなかった者は，A 世代全体で 4 人 (10.5%)，B 世代全体で 4 人 (3.5%)，C 世代は 0 人であり，ほとんどの者が答えた。その回答の内容を意味のとれる最少単位の語や句にラベル化すると，ラベル総件数は 366 件，1 人平均 1.4 件であった。**表 3-3** は各世代ごとに性別に分け 1 人平均のラベル件数を示している。A 世代より B 世代，B 世代より C 世代と若年になるつれ平均ラベル件数は多くなる傾向があるが，各世代とも個人差も認められた。

同様に『あなたにとって「たのしみ」とは何ですか』という答えをまとめたものが **表 3-4** である。答えなかった者は，A 世代全体で 1 人 (2.6%)，B 世代全体で 8 人 (7.1%)，C 世代全体で 4 人 (3.6%) であり，ラベル総件数は 446 件で，1 人平均 1.7 件であった。表 3-3 の「あそび」と比較すると，1 人当たりの平均ラベル件数は，各世代とも「あそび」よりも「たのしみ」の件数のほうが多くなっているが，統計的な差はみられなかった。

図 3-1 は，「あそび」，「たのしみ」に回答した内容に注目し，その内容の一致と不一致を検討したものである。その結果，「あそび」に答えた中の 33.6%（123/366 件），「たのしみ」では 38.1%（170/446 件）が「あそび」，「たのしみ」共通の内容であり一致していた。一致した主な内容は，気分転換(mental divertion)，友との交流(relation

表 3-3 「あそび」のとらえ方

世代	A		B		C	
	男性	女性	男性	女性	男性	女性
n	12	26	53	60	51	59
記述						
有	83.3	92.3	96.2	95.0	100.0	100.0%
無	16.7	7.7	3.8	5.0	0	0
平均ラベル件数	1.0	1.1	1.4	1.3	1.6	1.8 件

表 3-4 「たのしみ」のとらえ方

世代	A		B		C	
	男性	女性	男性	女性	男性	女性
n	12	26	53	60	51	59
記述						
有	91.6	100.0	92.4	93.3	94.1	98.3%
無	8.4	0	7.6	6.7	5.9	1.7
平均ラベル件数	1.5	1.5	1.6	1.8	1.8	2.7 件

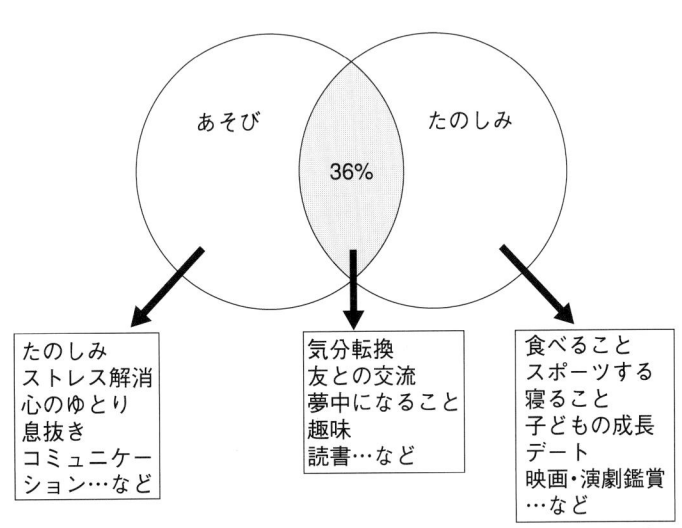

図 3-1 「あそび」,「たのしみ」記述の一致・不一致と主な内容

to friends), 夢中になること (be crazy about), 趣味 (hobby), 読書 (reading) などであった。不一致のほうは,「あそび」のみにある主な内容は, たのしみ (pleasureful), ストレス解消 (get rid of stress), 心のゆとり (leisure), 息抜き (relaxation), コミュニケーション (communication) などであり, 一方,「たのしみ」にのみある主なものは, 食べること (eating), スポーツすること (playing sports), 寝ること (sleeping), 子どもの成長 (child's growing), デート (dating), 映画・演劇鑑賞 (the movies) などであった。「あそび」のほうに抽象的な表現が多く,「たのしみ」のほうに具体的な事象や出来事の表現が多く含まれていた。

1）世代差

「あそび」について世代間の類似と差異を知るため, 記述内容を, 3世代共通（A,

表 3-5 世代間でみた「あそび」のとらえ方

n=366

世代	記述内容
A, B & C	たのしみ, ストレス解消, 気分転換, 心のゆとり, 息抜き, リフレッシュ, 成長過程に大切, 心のやすらぎ, 趣味, 心身を健康にする, 自由な時間, 生への活力
A & B	友情を深める
B & C	夢中になる, コミュニケーション, 人間関係学ぶ, 好きなこと, 必要なもの, 自発的, 解放, 自由, 身体を動かす, 生活の一部, たのしく外で遊ぶ…など
A	暇つぶし, ゲートボール, 年寄りとお茶飲み, 孫と遊ぶ…など
B	人の和, 気晴らし, 旅行, 仕事を忘れて何かをすること…など
C	学ぶこと, 自分を向上, 人生の中心, 明るい…など

A & C はなし

表 3-6 性別にみた「あそび」のとらえ方

世代	男性	女性
A, B & C		生への活力
A & B		友情を深める
B & C	快楽, 解放, むだ	休息, 心うきうき, 楽しく外で遊ぶ

B & C), 2世代共通 (A & B, B & C, A & C), 1世代 (A, B, C) のみの7つに分けて検討した。その結果, A & Cを除く6つに分類され,「あそび」のとらえ方には世代差のあることが示唆された (表3-5)。A, B & Cと各世代共通の内容は, たのしみ, ストレス解消, 気分転換, 心のゆとり, 息抜き, リフレッシュ(refresh), 成長過程に大切 (necessary steps for growing), 心のやすらぎ (peace of mind), 趣味, 心身を健康にする(health promotion), 自由な時間(free time), 生への活力(vitality)であり, A世代は, 暇つぶし(waste of time), ゲートボール(Japanese croquet game), 年寄りとお茶飲み (tea time with elderly), 孫と遊ぶ (playing with grand-child)など, B世代は, 人の和 (harmony), 気晴らし (refreshing), 旅行 (traveling), 仕事を忘れて何かをすること (do something to get your mind off from your work)など, C世代は, 学ぶこと (learning), 自分を向上 (self-improvement), 人生の中心 (core of your life), 明るい (cheerfulness) などであった。

2) 性別

「あそび」のとらえ方に性差があるかどうかを知るために,「あそび」についてのラベルの種類を性別間で検討した。ラベルの種類は89種類に分かれ, その中で性差のあったラベルの種類は8個で約1割 (8.9%) であった。性差のあった内容を表3-6に示した。男性のみの記述は, 快楽 (pleasure), 解放 (liberation), むだ (wasteful)であり, 女性のみは, 友情を深める(intimate friendship), 生への活力, 休息(rest), 楽しく外で遊ぶ (enjoy playing outside), 心うきうき (happy feelings) であり, 遊びのとらえ方に性差のあることが示唆された。

3) 文化的差異

「あそび」とは何かについて文化的な視点から検討する試みとして, 本調査の結果と『Adelaide (South Australia) Play Festival Outline 1993』に示された「あそびとは」

表 3-7　文化間の差異による「あそび」のとらえ方

国	記述内容
日本と オーストラリア*	joy, communication, challenging, relaxing, healthy, socialising, spontaneity（learning, honourable, instinctive, self-esteem, transforming）
オーストラリア	conveyer of culture, cross cultural, sharing for everyone, renewal, security
日本	ストレス解消，気分転換，心のゆとり，息抜き，リフレッシュ，趣味

*Adelaide（South Australia）Play Festival Outline 1993
注）記述内容は，対象者の3%（7/252×100）以上が答えたもの

の key words との類似性と差異を検討した（表3-7）。なお，検討の手続きは，本対象者の中の3%以上（7件以上/252人）の者が答えた「あそび」についての記述内容を比較対象とした。その結果，日本とオーストラリアとの共通は，joy(pleasureful), communication, challenging, relaxing, healthy, socialising, spontaneity などであり，オーストラリアにあり日本にないものは，conveyer of culture, cross cultural, sharing for everyone, renewal, security などで，一方オーストラリアになくて日本にあるものは，ストレス解消，気分転換，心のゆとり，息抜き，リフレッシュ，趣味などであった。これらは，日本の成人集団の遊びのとらえ方の多様性と同時に，遊びを文化を意識せずにとらえるあそびの概念の幅の狭さを示していると解釈できる。そして，その背景に日本の文化社会的要因の関与が推察され，遊びのとらえ方の文化的差異を示唆するものである。

まとめ

以上，成人集団の「あそび」，「たのしみ」についての自由記述を分析した結果，①「あそび」の記述には抽象的な表現が多く，一方，「たのしみ」のほうは名称や具体的な事象，出来事が多い傾向が示された。この結果を発展させると次のことが推察される。すなわち，「あそび」を自由で自発的，人間の想像力，創造性，喜びを伴う経験を含んだものと定義し，その「あそび」の質を問題にするときには，「たのしい」経験という主観的事実（心的経験）を重視する「あそび」のとらえ方の重要性である。②「あそび」の記述内容には，世代差，性差，文化的差異がみられ，成人集団の「あそび」のとらえ方の多様性が示された。少子化と高齢化社会の中で生涯発達の視点から子どもの遊びの質と同時に大人の遊びの質を考慮していく必要性が示唆された。今後調査を継続し，さらに検討を深める必要がある。

(出典：上田礼子，小澤道子：Definition of 'Play' and 'Pleasureful Experience' among Three Generations in Japanese People. XIII IPA World Conference；Dimensions of Play, 12-16, Aug., Espoo, Finland, 1996.8)

あとがき

　私は1980年代に生涯発達研究会 Life-Span Development の研究会を立ち上げて，1999年2月まで114回を開催した経験を持ち，沖縄県立看護大学の学長へと移住してきました。
　研究会の初期には生涯発達の意味を共有するために実証的研究を続けながら大人時代のあそびの意義を検証し，発表してきました。例えば，『上田礼子，石本幸枝：家族とのたのしい経験の世代差―子ども時代を中心として。茨城大学教育学部紀要（教育科学）　44：65-71，1995』など多数あります。
　本書はこれまでに雑誌や本で発表してきたものをまとめたものであり，再掲を心より許可してくださった共著者や出版社の方々に御礼を申しあげます。また，生涯発達研究会に参加し，メンバーとして貢献された方々に謝意を表したいと思います。

　　2007年2月吉日

上田礼子

〈著者略歴〉

上田礼子（うえだ れいこ）

1957 年	東京大学医学部衛生看護学科卒業
1958 年	東京大学医学部文部教官
1961 年	米国ピッツバーグ大学大学院修士課程卒業 Master in Letters
1964 年	米国コロンビア大学，ニューヨーク大学，ベルビュー病院にて研修
1970 年	東京大学医学部で学位（医学博士）授与
1986 年	東京都立医療技術短期大学教授
1990 年	茨城大学教育学部大学院教育研究科教授
1995 年	東京医科歯科大学医学部大学院教授
1999 年	沖縄県立看護大学教授・学長
2005 年	沖縄県立看護大学大学院教授・学長
	現在に至る

著　書　『日本版・デンバー式発達スクリーニング検査』（医歯薬出版，1980）
　　　　『人間発達学』（医歯薬出版，1985）
　　　　『日本版・乳幼児の家庭環境評価法』（医歯薬出版，1988）
　　　　『生涯発達学』［訳］（岩崎学術出版社，1990）
　　　　『発達のダイナミックスと地域性』（ミネルヴァ書房，1998）
　　　　『Dynamics of Human Development』（Taga Shuppan，1998）
　　　　『子どもの発達のみかたと支援』（中外医学社，1999）
　　　　上田礼子（監修・著）『親と子の保健と看護』（日本小児医事出版社，1999）
　　　　上田礼子，上田　敏，今西康子（訳）『保健医療職のための質的研究』（医学書院，2003）
　　　　上田礼子（監訳）『看護研究ハンドブック』（医学書院，2004）
　　　　『生涯人間発達学 改訂第 2 版』（三輪書店，2006）
　　　　その他著書，論文多数

生涯発達とあそび

発　行	2007 年 3 月 15 日　第 1 版第 1 刷Ⓒ
著　者	上田礼子
発行者	青山　智
発行所	株式会社 三輪書店
	〒113-0033　東京都文京区本郷 6-17-9　本郷綱ビル
	☎ 03-3816-7796　FAX 03-3816-7756
	http://www.miwapubl.com
印刷所	三報社印刷 株式会社

本書の内容の無断複写・複製・転載は，著作権・出版権の侵害となることがありますのでご注意ください．

ISBN 978-4-89590-265-6　C 3047

JCLS　〈㈱日本著作出版権管理システム委託出版物〉
本書の無断複写は著作権法上での例外を除き，禁じられています．複写される場合は，そのつど事前に
㈱日本著作出版権管理システム（電話 03-3817-5670，FAX 03-3815-8199）の許諾を得てください．